Conceptos sociológicos fundamentales

Max Weber

Conceptos sociológicos fundamentales

Edición y traducción
de Joaquín Abellán

Alianza editorial
El libro de bolsillo

Título original: *Soziologische Grundbergriffe*

Primera edición: 2006
Segunda edición: 2014
Primera reimpresión: 2024

Diseño de colección: Estrada Design
Diseño de cubierta: Manuel Estrada
Ilustración de cubierta: Retrato de Max Weber
Selección de imagen: Laura Gómez Cuesta

Reservados todos los derechos. El contenido de esta obra está protegido por la Ley, que establece penas de prisión y/o multas, además de las correspondientes indemnizaciones por daños y perjuicios, para quienes reprodujeren, plagiaren, distribuyeren o comunicaren públicamente, en todo o en parte, una obra literaria, artística o científica, o su transformación, interpretación o ejecución artística fijada en cualquier tipo de soporte o comunicada a través de cualquier medio, sin la preceptiva autorización.

© de la edición y la traducción: Joaquín Abellán García, 2006
© Alianza Editorial, S. A., Madrid, 2006, 2024
  Calle Valentín Beato, 21;
  28037 Madrid
  www.alianzaeditorial.es

PAPEL DE FIBRA
CERTIFICADA

ISBN: 978-84-206-8890-9
Depósito legal: M. 13.892-2014
Printed in Spain

Si quiere recibir información periódica sobre las novedades de Alianza Editorial, envíe un correo electrónico a la dirección: alianzaeditorial@anaya.es

Índice

9 Nota sobre la presente edición

11 Estudio preliminar, por Joaquín Abellán
11 1. Contexto intelectual de la obra de Max Weber
16 2. La sociología como «ciencia de la realidad». El concepto weberiano de «comprensión» de las acciones humanas
21 3. Concepto de «acción social»
40 4. Metodología weberiana: tipo ideal, «coherencia lógica», ciencia social no valorativa
60 5. Influencia de Weber
69 Bibliografía

Conceptos sociológicos fundamentales
75 Nota preliminar del autor
77 1. Concepto de sociología y de «significado» de la acción social
78   A) Fundamentos metodológicos
107   B) Concepto de acción social
112 2. Tipos de acción social
117 3. La relación social
122 4. Tipos de acción social: usos, costumbre
126 5. Concepto de orden legítimo

- 131 6. Tipos de «órdenes» legítimos: el derecho y la convención
- 137 7. Bases del orden legítimo: tradición, creencia, reglamentación positiva
- 141 8. Concepto de lucha
- 146 9. «Comunidad» y «sociedad»
- 152 10. Relaciones sociales abiertas y cerradas
- 159 11. La imputación de la acción. La representación
- 163 12. Concepto y tipos de organización
- 168 13. El ordenamiento de una organización
- 171 14. Ordenamiento administrativo y ordenamiento regulativo
- 173 15. «Acción continua» y «organización de carácter continuo», organización de carácter voluntario, organización de carácter institucional
- 176 16. Poder/Dominación *(Macht, Herrschaft)*
- 179 17. Organización política, organización hierocrática

- 185 Glosario
- 197 Obras citadas por Max Weber
- 199 Biografías
- 215 Índice onomástico

Nota sobre la presente edición

La traducción del texto *Conceptos sociológicos fundamentales* se hace sobre la edición de Johannes Winckelmann: Max Weber, *Soziologische Grundbegriffe*. Con una introducción de J. Winckelmann. Tubinga, 6.ª edición, 1984. Corresponde a las páginas 1-30 de *Wirtschaft und Gesellschaft,* Tubinga (1921), 5.ª edición, 1972/76.

El apartado «Obras citadas por Max Weber» recoge los libros y artículos citados expresamente por él. En su caso, se han completado los nombres de los autores y los títulos de las obras. Cuando Max Weber no cita ninguna obra concreta de los autores que menciona, se han puesto los libros de esos autores referidos a la materia de que se está tratando.

Los asteriscos que preceden a algunos términos indican que están comentados en el Glosario. Se indican la primera vez que aparece el término en el texto.

El apartado «Nombres propios» (Biografías) informa brevemente sobre las personas o nombres propios geográficos que aparecen en el texto.

Estudio preliminar

1. Contexto intelectual de la obra de Max Weber

La vida intelectual de Alemania en la época de Max Weber (1864-1920) estaba dominada por el historicismo y el idealismo, que hundía sus raíces en la filosofía crítica kantiana. Immanuel Kant había establecido una separación radical entre la naturaleza y el mundo de la cultura humana. Esta división incluía también la distinción en el ser humano entre cuerpo y espíritu, como dos ámbitos netamente diferenciados. En el ámbito del cuerpo regía la necesidad causal, y en el ámbito del espíritu regía la libertad. La filosofía posterior a Kant siguió reclamando para la dimensión cultural de la vida humana un tipo de conocimiento específico, que requería a su vez instrumentos metódicos específicos y diferentes de los empleados en el conocimiento científico de la naturaleza. Las «ciencias de la cultura» se entendían como ciencias claramente diferenciadas de las ciencias de la naturaleza. La tesis fundamental del idealismo historicista alemán de la segunda mitad del siglo XIX era que el mundo de las acciones humanas tenía un sentido, un significado, que podía ser *comprendido,* más bien que *explicado causalmente,* al interpretarlo como parte de una cultura histórica concreta.

De acuerdo con esta tesis, los economistas alemanes de la segunda mitad del siglo XIX afirmaban mayoritariamente que la vida económica tenía que ser entendida como parte integrante de una determinada cultura concreta. Por eso rechazaban el enfoque científico de la economía clásica –británica–, que aspiraba a establecer leyes de carácter general sobre el comportamiento económico. En discusión con estos representantes de la llamada escuela histórica de la economía –Wilhelm Roscher, Karl Knies, Gustav Schmoller, Lujo Brentano– iría forjando Max Weber su propia concepción de las ciencias sociales.

Por otro lado, a través de algunos filósofos neokantianos de finales del siglo XIX, se familiarizaría Weber con la discusión filosófica sobre la naturaleza del conocimiento científico en el ámbito del mundo humano. En la década de 1880, el filósofo Wilhelm Dilthey había planteado la cuestión de cómo es posible el conocimiento científico de la historia. No aceptando para las ciencias de la cultura un trasvase de los métodos propios de las ciencias naturales, intentó establecer un método propio para las primeras, que presentan una gran peculiaridad. En estas ciencias, el sujeto que hace la ciencia y el objeto del conocimiento son de la misma índole y forman parte del mismo ámbito, es decir, del ámbito de la cultura humana. Esta diferencia con las ciencias naturales, en las que el objeto de estudio –la naturaleza– es exterior al sujeto que hace la ciencia, da a las ciencias de la cultura su impronta particular. Conocer el mundo humano será un tipo de actividad distinta de la de conocer el mundo natural. El investigador y la materia a investigar se mueven dentro de la misma vida histórica. Las acciones de los seres humanos, los textos literarios o las obras de arte tienen un significado, y comprenderlo es el objetivo de cualquier ciencia de la cultura. Para poder comprender el significado de las obras del mundo humano, el científico cultural utiliza el método hermenéutico, es decir, descubrir el sentido objetivo de los fenómenos culturales –los textos escritos o las obras de arte– a través de la *interpretación*. Este proceso interpretativo del significado de un texto requiere que el investigador reconstruya el contexto cultural en el que ese «hecho» ha surgido. La reconstrucción del contexto cultural de un texto escrito por un autor en una situación determinada y con una intención determinada tiene, por tanto, un interés fundamental para poder llegar a comprender el significado del mismo. El científico cultural tiene que situarse empáticamente, psicológicamente, en el contexto cultural e histórico de un fenómeno para poder interpretarlo como parte de esa estructura histórica. Para entender, por ejemplo, la reforma protestante alemana hay que analizar la actuación de Lutero y de sus seguidores desde el contexto de su interpretación de la fe cristiana, que difería notablemente de la doctrina católica dominante. El científico cultural, al tener que reconstruir o recrear el contexto histórico concreto para comprender el sentido o significado de una actuación, no puede utilizar el método de las ciencias naturales, que pretenden precisamente entender y explicar los fenómenos concretos de la naturaleza en la medida en que pueden ser subsumidos dentro de leyes de validez universal. Frente a este método generalizante, las ciencias de la cultura tienen que utilizar ese procedimiento intepretativo de índole particularizante.

Esta contraposición radical entre ciencias naturales y ciencias culturales, y la consiguiente contraposición en sus métodos, no fue aceptada por algunos filósofos neokantianos de finales del siglo XIX y comienzos del siglo XX, como Wilhelm Windelband y Heinrich Rickert, que pensaban que también era posible hacer una ciencia generalizadora –nomotética– sobre el comportamiento humano. Esto, sin embargo, no les llevaba a equiparar las ciencias culturales a las ciencias naturales ni a renunciar a la peculiaridad de aquéllas. Su preocupación giró entonces en torno a la búsqueda de la dimensión generalizante, nomotética, de las ciencias culturales. En este punto, la aportación de Heinrich Rickert iba a tener una especial influencia sobre los planteamientos de Max Weber. La teoría de la construcción de los conceptos de Heinrich Rickert, siguiendo la lógica trascendental kantiana, negaba que el conocimiento científico fuera una copia o reproducción de la realidad tal como ésta es. Las ciencias de la cultura tenían inevitablemente que «simplificar» la realidad, es decir, acometer una selección de esa realidad que no puede ser reproducida en su integridad. Y para ello necesitan un principio de selección en que apoyarse, si no quieren actuar de una manera caprichosa. Este principio de selección específica en las ciencias culturales lo denomina Rickert «referencia a los valores» *(Wertbeziehung)*. Es el criterio que permite convertir el objeto en objeto de conocimiento, constituyéndolo como un fenómeno individual precisamente por la significación que tiene en relación con la realización de valores de validez universal. Rickert estaba convencido de que había una cantidad limitada de estos valores de validez universal, desde los que se podían investigar y valorar los acontecimientos históricos, desde los que los fenómenos del mundo humano se convertían en *individualidades*. Este intento de Rickert de formular una serie de valores de validez universal fue muy discutido, pero su concepto de «referencia a los valores» fue importante, incluso para aquellos que, como Max Weber, no le siguieron en su integridad.

El pensamiento de Weber estuvo muy marcado por esta tradición del idealismo y del historicismo, pero al mismo tiempo por sus esfuerzos por superar sus limitaciones y sus parcialidades. En esta discusión con la herencia idealista e historicista, Max Weber operó con otros planteamientos procedentes de quienes habían ejercido una fuerte crítica a esa tradición. Dos grandes pensadores habían destacado en sus ataques al paradigma idealista. Por un lado, Karl Marx, que había querido mostrar la influencia del capitalismo sobre el desarrollo del mundo moderno. Por otro lado, el filósofo Friedrich Nietzsche, que atacó frontalmente la tesis idealista de la existencia de valores de validez universal que se realizan en el proceso histórico. No son los valores de validez universal, decía, los que mueven la historia, sino las acciones modélicas y potentes de individuos modélicos y potentes. De estas tres fuentes –la tradición idealista, Marx y Nietzsche– bebió Weber en la construcción de su ciencia social. Su intento fue superar el idealismo tomando en cuenta otros factores –los intereses económicos, el poder– en la explicación de la sociedad moderna. A pesar de esta expresa necesidad de investigar la interacción entre la dimensión cultural de la sociedad y las relaciones económicas y la lucha política, en Weber predomina una interpretación de estas formas de acción social desde el punto de vista de su relación con los procesos culturales. La significación de la dimensión cultural en el análisis de la acción social queda ya patente en el objeto de estudio que asigna a la nueva ciencia social: el conocimiento del significado subjetivo y de los motivos de las acciones, desde el que construye los otros conceptos fundamentales. Por ese camino pasan al centro de su investigación los efectos de la cultura sobre la acción y el desarrollo social.

2. La sociología como «ciencia de la realidad». El concepto weberiano de «comprensión» de las acciones humanas

En el escrito programático de 1904 sobre «La "objetividad" del conocimiento en la ciencia social y en la política social», Max Weber había anunciado que la ciencia social que quería practicar era una «ciencia de la realidad»: «queremos comprender la realidad de la vida que nos rodea y en la que estamos inmersos en su *peculiaridad,* es decir, queremos comprender, por un lado, el contexto de sus fenómenos concretos en su forma actual y su *significación* en la cultura, y, por otro, el motivo de que hayan-sido-así-y-no-de-otra-manera»(WL, 170)[1].

Este tipo de conocimiento que pretende de la realidad –comprender la significación cultural y el motivo de un fenómeno– introduce la explicación causal en la interpretación de los fenómenos de la cultura humana. Esta explicación causal, sin embargo, no puede consistir en la subsunción de un fenómeno bajo una ley general, sino que trata de comprender la realidad que nos rodea en su «ser así individual y concreto». La comprensión *(*verstehen)* de los fenómenos culturales requiere captar su individualidad, y ésta se nos manifiesta en la medida en que conozcamos su contexto, es decir, el motivo que la origina y le da sentido. La diferencia que Weber, siguiendo aquí a Friedrich Gottl, encuentra entre conocer un fenómeno cultural y un fenómeno natural la plasma en el término *verstehen,* contraponiéndolo a *begreifen. Verstehen* significa llegar a un conocimiento del fenómeno que no se queda en *begreifen,* es decir, que no se queda en un mero conocimiento acorde con nuestras reglas generales del pensamiento (con nuestro saber nomológico), sino que quiere llegar a la averiguación del motivo del fenómeno, es decir, de la causa a la que se pueda imputar la realización del fenómeno o acción humana (WL, 67).

---

1. La significación de Friedrich Gottl para la concepción de la ciencia en Max Weber, concretamente para su concepto de «ciencia de la realidad», es fundamental. Véase Friedrich H. Tenbruck (1959) y Wilhelm Hennis (1987).

El conocimiento de los motivos de la acción es una forma de conocimiento que Weber diferencia de la comprensión de la mera factualidad de la acción. Weber llama a esta última *aktuelles verstehen,* es decir, comprensión de lo que significa la mera acción, por ejemplo, el hecho de mover una manivela para abrir una puerta. En esta forma de comprensión, entendemos lo que hace un agente: gira una manivela para abrir la puerta. Pero hay otra forma de comprensión de una acción, la que entiende la acción desde los motivos que la han impulsado. En esta otra forma de comprensión entendemos por qué el sujeto realiza esa acción, comprendemos el motivo de la acción. Esta forma de comprensión la denomina Weber *motivationsmässig* (por los motivos) o *erklärend* (explicativa). En ambas formas de comprensión de una acción se trata de dos puntos de vista distintos sobre la acción. No es que la acción tenga dos significados diferentes, sino simplemente dos maneras distintas de ser abordada. En la «comprensión factual» se comprende el qué, el hecho, de una acción o de un enunciado, sea un pensamiento racional, un sentimiento no racional o una mera acción racional. La segunda forma –comprender una acción al conocer los motivos de ésta– es, evidentemente, la relevante, pues, al comprender los motivos, obtenemos una explicación de la acción, una explicación que es peculiar del mundo humano y diferente de la explicación de los fenómenos de la naturaleza. Ahora bien, los motivos ayudan a comprender el significado cuando se trata de una acción racional, de la que se habla más adelante (apartado 3), pues entonces, en la relación racional de medios a fines, el significado de una acción nos resulta claro y lo explicamos con reglas racionales. Pero cuando los motivos no son racionales, sólo nos cabe recrear los motivos para ubicar el significado de la acción, y aquí no hay entonces la misma fiabilidad que se presenta cuando explicamos con el esquema de medios-fines. Por eso, el tipo de acción-guía para Weber será la acción racional instrumental.

La comprensión del significado de una acción, es decir, de sus motivos, se refiere en Weber al significado subjetivo, al atribuido a la acción por el sujeto. El significado subjetivo (*Sinn, gemeinter Sinn)* da su impronta a la sociología comprensiva o interpretativa de Weber. El significado de la acción que le interesa a Weber es el puesto por el agente. Se trata de la perspectiva del agente y no de un significado correcto u objetivo. En esta vinculación a la perspectiva del sujeto actuante encuentra Weber el diferencial específico de la sociología como disciplina empírica respecto a otras disciplinas «teóricas» que también se ocupan del significado de las acciones, como el derecho, la ética o la lógica. Esta indagación del sentido subjetivo da a la sociología de Weber su impronta «individualista». Se trata de un individualismo metodológico, que parte del sujeto individual actuante y de sus motivaciones para actuar, lo cual quiere decir que los conceptos colectivos, como Estado, nación, partido, clase o pueblo, no son considerados por Weber como sujetos de acciones, a los que se pudieran atribuir intenciones, intereses o convicciones. El significado subjetivo se convierte en la variable explicativa independiente, que no puede reducirse a otros factores. Es él el que define la base de cualquier explicación de la acción, sea en el caso de un sujeto individual o en el de un sujeto-tipo, es decir, un exponente de una categoría social-profesional determinada (el científico, el empresario, el creyente, etc.).

El concepto weberiano de comprensión (o de interpretación) de las acciones difiere de la *«empatía» *(Einfühlung)* como método de interpretación. La comprensión en Max Weber no trata de recrear o reproducir la situación psicológica de los otros, ni su sociología se fundamenta en la psicología, como expone claramente en los *Conceptos sociológicos fundamentales* (capítulo 1, A, 11). Comprender una acción de otro no implica ponerse en su lugar. Es verdad que el propio Weber utiliza en algunos pasajes los problemáticos calificativos de «empático» y «recreacional» *(nacherlebend),* al hablar de la comprensión en el caso de acciones generadas por motivos emocionales. Pero «no hay que ser César para entender al César», lo cual quiere decir que no hay que ponerse en una situación psíquica real equivalente para explicar de manera interpretativa/comprensiva la acción de este hombre. Es decir, *Verstehen* no consiste en conocer mediante un proceso psicológico de querer ponerse en el lugar de otra persona. Comprender consiste en un proceso racional explicativo de la acción, en un proceso de conocimiento de los motivos que están en la base de la acción, que la impulsan. Al ser la comprensión una operación que tiene como objeto de conocimiento las realizaciones de las pautas (de índole racional o emocional) que estructuran las acciones, es una operación que tiene que ver con elementos determinantes del comportamiento que son, como tales, comunicables. Las pautas de las acciones –los motivos– tienen que ver con símbolos, con significados, que son comunicables a través del lenguaje. La comprensión del significado que los agentes individuales dan a sus acciones lleva de esta manera hacia el marco en el que se establece la intersubjetividad hacia la «acción social».

3. Concepto de «acción social»

En el capítulo 1 de *Conceptos sociológicos fundamentales* define Weber la acción y la acción social en los siguientes términos: Llamamos «acción» al comportamiento humano (sea la realización de algo exterior o de algo interno, una omisión o no impedir que algo pase) en la medida en que el agente o los agentes asocien a aquel comportamiento un *significado* subjetivo. Y llamamos acción «social» a aquel comportamiento en el que el significado que el agente o los agentes le asocian está referido al comportamiento de *otros,* siendo este último por el que se guía el comportamiento de aquéllos.

De acuerdo con esta definición, lo específico de la acción social es que el significado subjetivo que el agente le atribuye a su acción está referido al comportamiento de *otras personas,* es decir, que el agente orienta la realización de su acción por este comportamiento de los otros. Para el concepto de acción social no tiene ninguna importancia si el agente se guía por la acción de alguien conocido o desconocido, de una persona sola o de un grupo de personas, o de si esa acción de otra persona es una acción pasada, presente o que será realizada en el futuro. En este sentido realiza una «acción social» tanto el estudiante que lee la *Política* de Aristóteles para profundizar en sus ideas como el escritor de un diario que cuenta sus experiencias y reflexiones para unos lectores póstumos o como un ladrón que procura mantener oculta su acción para evitar el castigo o como la persona que renueva y mejora su vivienda con la esperanza de poder venderla más fácilmente. Por otro lado, no toda acción realizada en presencia de otras personas es «acción social». Si dos personas se chocan involuntariamente al querer pasar por un pasillo estrecho, no hay una acción social. Pero sí la hay si una de ellas acelera el paso al haber notado la misma intención en la otra persona, e intenta pasar antes que la otra. Estos ejemplos muestran que lo decisivo para el concepto de la «acción social» no es el tipo de comportamiento ni la participación de otras personas, sino que el agente refiera su actuación a la acción de otras personas. La referencia social de la acción está concebida en Weber exclusivamente desde el horizonte interno del agente.

Partiendo de este concepto de acción social, Weber va construyendo un marco conceptual a lo largo de los *Conceptos sociológicos fundamentales,* en el que básicamente diferencia varios tipos de acción social, varios tipos de regularidades de las acciones sociales y varias formas de relaciones y grupos sociales, que terminan en el concepto de Estado.

Tipos de acción social

En la acción social, como en cualquier acción, Weber distingue cuatro tipos de acciones sociales ordenadas por el criterio de la «racionalidad». En primer lugar está la acción cuya racionalidad consiste en entenderse a sí misma como un medio para conseguir un fin. Esta acción racional dirigida a la consecución de un fin, calculando y eligiendo los medios adecuados, la denomina Weber una acción racional-instrumental (*zweckrational). Un comerciante que calcula los costes de su inversión con el fin de obtener un beneficio mayor está actuando de manera racional-instrumental. Pero también actúa de la misma manera quien se compra una sudadera para mejorar su imagen, calculando el resultado de esa decisión y sabiendo que no va a disponer de más dinero para comprar el último disco de su cantante preferido. En este tipo de acción, la consecución de unos determinados resultados es determinante de la acción. Su racionalidad se califica de «instrumental» porque la acción como tal va dirigida esencialmente a esos resultados.

En segundo lugar está la acción que Weber denomina *wertrational*. Es una acción que se realiza por el convencimiento del valor que tiene en sí una determinada acción, sin tomar en consideración los resultados o las consecuencias que se produzcan con su realización, aunque pudieran ser no útiles en algún sentido para el agente. Un creyente, por ejemplo, que dedica toda su vida a ayudar a los débiles y a buscar la verdad y el sentido de la vida actúa *wertrational* porque cree en el valor propio de esta acción y no porque espere algunos resultados que le permitan conseguir otros fines. Actúa también *wertrational* un demócrata que está comprometido con las reglas de la democracia, y se mantiene firme en esta convicción por creer en el valor propio de la democracia y no porque las reglas le produzcan un resultado instrumental para conseguir otros objetivos. Lo característico de la acción *wertrational* es la creencia expresa en el valor de la acción como tal por parte del agente, sin tomar en consideración ninguna consecuencia o ningún efecto de la realización de la acción. La acción que Weber califica como *wertrational* se corresponde realmente con la realización de un deber, es decir, la acción es como el cumplimiento de un deber, por lo que la acción es valiosa en sí misma. Quien considera como un valor absoluto obedecer la voluntad de Dios y cree además que la realización de una transfusión de sangre va contra la voluntad de Dios está actuando *wertrational* cuando rechaza la transfusión aun siendo consciente de las consecuencias mortales que esa renuncia tiene. Lo mismo se puede decir de un pacifista radical que rechaza el uso de la violencia contra la vida bajo cualquier circunstancia por considerarlo inmoral y reprobable, reprobando asimismo ir contra quien ha cometido un atentado terrorista en el que mueren otras personas.

Cada una de estas maneras de actuar tiene su valor en sí misma. No son un medio para la obtención de un fin. Aquí el fin no justifica los medios, sino que la acción se realiza porque el agente considera que han de cumplirse determinadas exigencias que él ve sobre sí mismo como algo irrenunciable. Cumplir un mandamiento no significa aquí ejecutar una acción como medio, es decir, realizarla con el objetivo de cumplir el mandato. La relación entre acción y cumplimiento del mandato es una relación de motivo-consecuencia. En la realización de la acción denominada *wertrational* se elimina la diferenciación entre medio y fin. Actuar como en cumplimiento de un mandato o de un deber no produce un algo diferenciado de la acción como total, a lo que la acción tendería. La acción expresa o significa el cumplimiento de un deber, de un mandato. El valor de la acción reside sólo en ella misma, pues ella forma parte integral de esa conciencia del cumplimiento del deber. Es una acción que se hace «porque», no «para». Y de la misma manera que no se toman en consideración las consecuencias directas de la acción, tampoco tienen importancia las consecuencias «colaterales». Es claro que se pueden percibir las colisiones con otros fines o valores, pero no son tomadas en consideración. Esto es lo característico de una acción *wertrational*, es decir, de una acción que tiene su valor en sí misma y no en los resultados que pueda lograr. La racionalidad de este tipo de acción *wertrational* niega conscientemente la posibilidad de diferenciar entre fin y medio. Quien actúa considerando que la acción vale por sí misma, sin tomar en cuenta los resultados o efectos que pueda generar su acción, se sitúa fuera del esquema de la racionalidad instrumental, en la que la relación entre medio-fin es su elemento constitutivo.

Estos dos tipos de acción mencionados hasta ahora son racionales. Los otros dos tipos de acciones –la acción tradicional y la acción emotivo-reactiva– están realmente en el límite de lo que es acción en sentido estricto, es decir, un comportamiento provisto de un significado consciente. Tanto en la acción «tradicional» como en la acción «reactiva-emotiva» falta la consideración racional de una relación de medio a fin, y se caracterizan precisamente por estar impulsadas por sentimientos o reacciones espontáneas, o por costumbres establecidas. Cualquier acción que se realiza en virtud de sentimientos de tristeza, de felicidad, de cólera o de pánico tiene un carácter «emotivo-reactivo». Las acciones originadas por costumbres establecidas tienen carácter «tradicional». Son las acciones que hacemos porque siempre se han hecho de esa manera, sin pensar en otras posibles maneras de hacerlas.

En esta tipología de las acciones hay que tener en cuenta, por un lado, que Weber no pretende dar una clasificación exhaustiva de las clases de acciones; y, por otro, no hay que olvidar que se trata de tipos conceptuales puros que nos permiten analizar las acciones reales. La acción concreta es, además, casi siempre una combinación de estos tipos puros. En la acción de un comerciante por ejemplo, que va a la iglesia los domingos, en un pueblo no muy grande, se pueden dar distintos motivos que tipifican la misma acción de manera distinta y que no se excluyen entre sí: puede estar realizando su acción por una costumbre arraigada (acción tradicional), como un deber con Dios (acción *wertrational*) o para mantener un prestigio social que puede ir en beneficio de su negocio (acción racional-instrumental).

Regularidades de la acción social. El orden social

En la acción social pueden observarse regularidades o repeticiones de determinadas acciones realizadas por el mismo sujeto o por varios sujetos. La sociología se ocupa precisamente de estas regularidades, a diferencia de la historia, que analiza los fenómenos individualizados en cuanto tales. Georg Simmel, que tuvo sin duda una influencia importante sobre los planteamientos de Weber, había formulado con claridad la pregunta por el «orden social». De manera similar a como Immanuel Kant se había preguntado en la *Crítica de la razón pura* (1781) cómo es posible el conocimiento objetivo, Simmel se había preguntado en su *Soziologie* (1908) cómo es posible la sociedad. Con esta pregunta intentaba explicar Simmel cómo es posible que las personas entren en interacción entre sí, formando, con estas interacciones, la sociedad. La pregunta por el orden social quiere decir, en definitiva, cómo es posible que las personas puedan predecir las acciones de otras personas de modo que pueden confiarse a que se confirmen sus expectativas con las acciones y las expectativas de las otras personas. Max Weber se ocupa de esta cuestión en los capítulos 4-7 de los *Conceptos sociológicos fundamentales*.

Las regularidades en el comportamiento social pueden deberse a distintas causas, y Weber conceptualiza esta realidad. Las regularidades que consisten simplemente en la práctica regular de determinadas acciones, sin que esta regularidad se deba a la existencia de norma alguna, son denominadas por él «usos sociales» y son analizadas en el capítulo 4 de los *Conceptos*. Estos usos pueden deberse a la práctica de acciones de índole tradicional y son conceptualizados como «costumbre». Otros se deben a la práctica de acciones de índole emocional: es el caso de la «moda»: aquí la *novedad* es la fuente de la recepción y repetición de pautas de comportamiento durante algún tiempo no muy largo. Pero otros usos sociales pueden deberse a la repetición de acciones de índole racional-instrumental, es decir, acciones basadas en intereses.

Otro tipo de regularidad en las pautas de comportamiento es la que se presenta cuando las personas integrantes de un grupo social actúan con la idea de que existen un *orden legítimo* y una sanción externa para los comportamientos desviados respecto a ese orden. Cuando la acción social está organizada sobre la aceptación de la existencia de un «orden legítimo», es decir, de unas normas obligatorias, aumenta la probabilidad de que la acción vaya a ser repetida, incrementándose por consiguiente la estabilidad o regularidad de la pauta de comportamiento. Cuando hay un «orden», la regularidad en las pautas de comportamiento es mayor que la que se da cuando descansa en usos y costumbres o en una coincidencia de intereses entre las personas. La sanción externa de las desviaciones respecto al orden puede consistir en la *desaprobación* social dentro del círculo de amigos, de compañeros de trabajo o de correligionarios o puede consistir en un *castigo* aplicado por un aparato sancionador. El tipo de orden social del primer caso es denominado por Weber «convención». El segundo es llamado por él «derecho». A un orden –sea derecho o convención– las personas pueden atribuirle *legitimidad,* cuyo resultado es un grado mayor de estabilidad del orden social. La estabilidad, en definitiva, no es para Weber una nota constitutiva del orden social, sino una propiedad que pueden tener en grado distinto las distintas pautas de comportamiento. La legitimidad que las personas pueden atribuir a un orden social puede basarse en distintos criterios: *a)* en la creencia en la tradición, *b)* en la creencia emotiva en el anuncio profético de un «orden nuevo, *c)* en la creencia en que determinadas normas tienen un valor en sí mismas o *d)* en la creencia en la *legalidad* de las normas escritas por haberse realizado mediante un procedimiento formalmente correcto, bien porque se haya llegado a ellas por un acuerdo entre los interesados, bien porque hayan sido concedidas por una autoridad considerada como legítima, a la que obedecen. Como se ve, de nuevo aparecen aquí los criterios weberianos de tipificación de la acción, aunque ahora se formulen de una manera algo distinta.

En cuanto a la legitimidad del orden recogida en el apartado *c,* Weber señala como ejemplo el derecho natural. Se trata aquí de la legitimidad de normas generales –por ejemplo, los derechos humanos– que se consideran legítimas por sí mismas y con un fundamento religioso o estrictamente racional.

La legitimidad de un orden porque los sujetos creen en la legalidad de sus normas, es decir, porque creen que han sido correctamente establecidas, es el tipo de legitimidad típico de la sociedad moderna. Se trata de la legitimidad referida al derecho establecido correctamente desde un punto de vista formal. Esta fe en la legalidad de un orden puede originarse de dos fuentes diferentes. En un caso remite al acuerdo entre los interesados en aceptar normas elaboradas por procedimientos legales. Es una fe en la legalidad del orden que remite a consideraciones de tipo racional-instrumental, que motivan a un grupo de personas a aceptar un acuerdo semejante, del que se deriva, en definitiva, la eficacia normativa del orden. En el otro caso remite al establecimiento del orden por un poder *(*Herrschaft)*, al que se considera legítimo y, por lo tanto, se obedece. Un ejemplo de esto último sería la aceptación por parte de los miembros de una organización de una decisión tomada correctamente por la dirección de ésta, aunque muchos de esos miembros no estén de acuerdo con ella. Lo mismo valdría para la aceptación de una ley aprobada en un parlamento democrático: aquí la fe en la legitimidad del poder democrático y en la legalidad del procedimiento para la elaboración de las normas legales motiva la aceptación y obediencia a las leyes correctamente aprobadas, aunque su contenido se oponga a la voluntad de las personas afectadas por ellas.

En resumen, en la cuestión de la estabilidad de un orden social, es decir, en la cuestión de cómo pueden reproducirse de manera relativamente estable pautas de comportamiento social, Weber diferencia entre varias posibilidades, que se corresponden con los varios niveles de protección contra la transgresión o incumplimiento de las pautas de comportamiento. En un primer nivel –las costumbres, la moda–, la estabilidad se funda en que las personas que las transgredan tienen que contar con ciertos inconvenientes en su relación con los otros. En un segundo nivel, cuando las pautas del comportamiento están generadas por intereses, la transgresión por parte de unas personas pone en peligro los intereses de los otros, pudiendo provocar consecuencias no intencionadas o no previstas que pueden terminar dañando los propios intereses. En un tercer nivel, cuando las personas se guían en sus acciones por la idea de que existe un orden legítimo, la garantía de la estabilidad del orden se refuerza por el apoyo interno de las personas y por la sanción exterior que se impone a quien transgreda el orden. El nivel máximo de estabilidad y regularidad de un orden social se produce cuando la idea de la legitimidad del orden se apoya en el derecho. En este caso, a la idea de la legitimidad se une el establecimiento de un aparato especial –administración, jueces, policía– cuya función es controlar el cumplimiento de las normas que guían las acciones, perseguir el incumplimiento y castigarlo con sanciones establecidas y previsibles.

Tipos de relación social

En el capítulo 3 de los *Conceptos sociológicos fundamentales* define Weber la «relación social» por el carácter de reciprocidad que presente una acción de una persona en relación con otra u otras. Un caso de relación social muy elemental es que alguien pregunte, por ejemplo, a otra persona la hora. Pero hay obviamente relaciones más duraderas, es decir, que es probable que una acción entre personas se repita con frecuencia. La existencia de una relación social no implica que los sujetos participantes en ella coincidan en lo que esperan de la relación, pues cada uno puede esperar algo distinto de la acción de relación con la otra persona. Pero aunque no haya coincidencia en las expectativas, puede haber «relación social». El contenido de la relación social puede ser muy variado: desde la «lucha» hasta la amistad pasando por las relaciones de intercambio en el mercado.

La plasmación de las relaciones sociales puede adquirir diferentes formas. Y en este punto es donde comienza Weber una tipología, a partir del capítulo 8 de los *Conceptos,* que culmina en el Estado como una forma de «relación social». La primera forma de relación social que conceptualiza Weber es la «lucha», que entiende como aquella relación social en la que los sujetos quieren imponer su voluntad en contra de la oposición de sus rivales. Otras formas de relación social, basadas no en la lucha sino en el «acuerdo», son la «comunidad y la sociedad». En el capítulo 9 de los *Conceptos* diferencia estos conceptos, incluso en la terminología, de los similares acuñados por Ferdinand Tönnies. Weber entiende por «comunidad» *(Vergemeinschaftung)* una situación social en la que los agentes están unidos por un sentimiento recíproco de pertenencia común, mientras que llama «sociedad» *(Vergesellschaftung)* a una relación social basada en el *equilibrio* o en la *unión compartida* de intereses, pudiendo ser la racionalidad de estos motivos de índole instrumental o de índole *valorativa.*

Después de los conceptos de comunidad y sociedad, y de algunas matizaciones sobre el carácter abierto o cerrado de las relaciones sociales y del concepto de representación dentro de una relación social, se ocupa Weber del concepto de **Verband,* es decir, una forma de relación social –un grupo social– caracterizada por contar con la existencia de un *director* y, eventualmente, de un aparato administrativo que garantizan el cumplimiento del ordenamiento interno del grupo. Y partiendo de este concepto de *Verband,* que podemos traducir con carácter muy general como «organización», Weber va definiendo otros conceptos con los que va diferenciando formas de organización hasta llegar al Estado en el capítulo 17. Los conceptos que va perfilando en estos capítulos finales le permiten diferenciar claramente al Estado de otras relaciones sociales –de las Iglesias, de las organizaciones basadas en el carácter voluntario de sus miembros o de otras organizaciones políticas que cuentan con un «poder» con características distintas–. Entender al Estado como una forma de «relación social» quiere decir, antes que nada, que el Estado, desde el punto de vista sociológico, no es una «sustancia», sino que consiste, como toda relación social, en la probabilidad de que se realicen determinadas acciones humanas de carácter recíproco, cuyas notas específicas mencionaremos a continuación. La probabilidad de que tengan lugar esas acciones puede ser mayor o menor, pero cuando decimos que *existe* un Estado o que *ha existido* sólo estamos diciendo, señala Weber, que nosotros, como observadores, consideramos que existe o que ha existido la probabilidad de que un grupo determinado de personas, sobre la base de una determinada actitud, se comporten de acuerdo con el significado subjetivo que le dan a sus acciones y que comparten por término medio *(Conceptos..., cap. 3).*

La distinción conceptual que introduce Weber en el capítulo 15 entre *Anstalt* y *Verein* va a ofrecer la primera característica diferenciadora de la organización llamada «Estado», su carácter institucional. Efectivamente, *Anstalt* define un tipo de organización que cuenta con un ordenamiento interno que se impone a todas aquellas personas que reúnan una serie de características dentro de un determinado espacio geográfico. Es decir, *Anstalt,* que traducimos usualmente por «institución», es una forma de organización en la que sus miembros no se encuentran en ella por haber ingresado voluntariamente. A diferencia de la «institución», *Verein* es el nombre para cualquier organización en la que su ordenamiento o reglamento interno afecta sólo a aquellas personas que libremente han decidido ser miembros de ella. El Estado será definido en Weber como una organización de carácter institucional. Otro concepto que será asimismo de aplicación al Estado es el de «actividad continuada» (*Betrieb*), que Weber define también en el capítulo 15.

Avanzando en este marco de diferenciación conceptual de las organizaciones, Weber aborda en el capítulo 16 de los *Conceptos sociológicos fundamentales* la definición de las relaciones de «poder» dentro de una organización. En realidad, como toda organización se caracteriza por contar con una dirección y un aparato administrativo, se podría decir que toda organización es hasta cierto punto una organización con unas relaciones de poder dentro de ella. Pero define ahora con mayor precisión el concepto referido a estas relaciones de poder. Se trata del concepto de *Herrschaft, que Weber distingue y contrapone al de *Macht*. Con independencia de la traducción castellana que demos a estos dos términos, hay que tener presente el diferente contenido semántico a que se refieren uno y otro. *Herrschaft* nombra sencillamente una relación entre personas caracterizada por la existencia de una obediencia por parte de una persona a la orden que dicta otra persona. Esta relación es definida en términos de la probabilidad de que alguien obedezca a alguien. Esta relación de probabilidad entre el mandato y la obediencia implica que hay un fundamento que da base a la probabilidad de que una orden sea obedecida. Se trata, en definitiva, de una relación de mando-obediencia estructurada de modo que resulte probable que la obediencia vaya a darse en la realidad. *Herrschaft*, por tanto, no es la mera imposición de la voluntad de una persona sobre otra u otras, sino que está haciendo referencia a un tipo de relación estable y duradera que, como tal, hace probable que se dé la obediencia a una orden. Al mero poder de que una persona se imponga sobre otra, sin existir un fundamento para la imposición mas allá de la fuerza o de la mera capacidad de imposición, lo llama Weber *Macht*. Pero precisamente el concepto de esta capacidad de alguien para imponerse sobre alguien, aun en contra de la voluntad de este último, apoyándose en cualquier motivo de cualquier índole, es decir, de manera arbitraria, sin responder a una relación estructurada y «justificada», no lo considera Weber válido para la sociología. Como la sociología analiza comportamientos regularizados, no encuentra utilidad en este concepto de *Macht*. El hecho de que alguien imponga su voluntad sobre otra persona puede darse en situaciones tan diferentes y por motivos tan distintos que este concepto no ayuda a analizar comportamientos regularizados, estables, organizados.

Con la aplicación del concepto de *Herrschaft* (dominación, poder) a una organización avanza Weber en el capítulo 17 de los *Conceptos sociológicos fundamentales* hacia la definición de organización política. Es ésta un tipo de organización con una estructura de poder o dominación, en la que el cumplimiento de su ordenamiento interno está garantizado por la aplicación de la fuerza física o por la amenaza de usarla por parte del aparato administrativo de la organización. Un tipo de organización política definida en estos términos será el *Estado,* que define Weber en este capítulo en los siguientes términos: «Llamamos *Estado* a una organización de carácter institucional permanente y carácter político si, y en la medida en que, su aparato administrativo se vale con éxito del *monopolio* de la coacción física *legítima* para el cumplimiento del ordenamiento» *(Conceptos,* pág. 179).

Del conjunto de caracteres que especifican al Estado como organización dotada de una estructura de poder-obediencia y con un aparato que ejecuta la fuerza física o amenaza con ella a quien no cumpla su orden interno, Weber destaca en este capítulo 17 el carácter de *monopolio legítimo* que tiene en el uso de la coacción física. No siendo la coacción física ni el único medio de gobernar ni el usual, es un medio *específico* del Estado y la ultima ratio cuando los demás medios fracasan. Y aunque en este capítulo no desarrolla el concepto de legitimidad y sus tipos —cosa que hace más adelante en «Economía y Sociedad», concretamente en la denominada «Sociología de la dominación»—, sí dice que el concepto de Estado es conveniente definirlo atendiendo a su desarrollo moderno. El Estado *moderno,* tal como lo entiende Weber, se caracteriza por ser un ordenamiento jurídico y administrativo de carácter burocrático, cuya legitimidad descansa en la creencia en la legalidad de las normas. Este concepto de Estado moderno no se corresponde, según Weber, con los Estados europeos de los primeros siglos de la Edad Moderna, pues en esa época los Estados europeos presentaban todavía muchos de los rasgos característsicos de la legitimidad tradicional-patrimonialista, combinándose en la realidad con los rasgos de la nueva legitimidad legal-racional[2].

Observación final

Al terminar este apretado recorrido por los conceptos fundamentales de la sociología weberiana, quisiera remarcar que la «teoría» de la acción de Weber está concebida desde el tipo de acción racional-instrumental. La razón de ello es, en primer lugar, de carácter metodológico: la acción racional-instrumental es totalmente accesible para la comprensión del significado de la acción por parte del científico-intérprete. El tipo racional-instrumental de acción permite entender/explicar una acción precisamente por los motivos por los que se hace y por los fines que se quieren alcanzar. Al lado de este tipo de acción racional, las formas no racionales de acción –la tradicional, la emotiva– son consideradas como «desviaciones» del tipo racional que suministra un esquema de análisis perfectamente accesible.

Pero hay, en segundo lugar, otro argumento a favor de que Weber considere el tipo de acción racional como el tipo guía. Se trata del trasfondo del desarrollo social moderno desde el que Weber «privilegia» el tipo de acción

---

2. Sobre todo esto puede verse J. Abellán, *Poder y política en Max Weber.* Madrid, Biblioteca Nueva, 2004.

racional. En la sociedad moderna se ha generalizado el tipo racional de acción, pues se han ido diferenciando ámbitos sociales en los que precisamente la racionalidad instrumental es el presupuesto básico. Los ámbitos de la economía, de la técnica, de la ciencia, de la política y de la administración del Estado se han ido racionalizando. Esta diferenciación de la sociedad es el resultado de un proceso histórico concreto, que Weber considera específico de Occidente y del que él habla como «proceso de racionalización de la sociedad». Este desarrollo del racionalismo occidental es precisamente uno de los temas centrales del programa investigador de Weber. Su investigación sobre el protestantismo ascético y su relación con la mentalidad capitalista, de 1904/1905, están en el punto de partida de su análisis del racionalismo occidental. Y sus posteriores estudios sobre las religiones universales perfilarán este tema. En estos estudios sobre el confucianismo y el taoísmo, sobre el hinduismo, sobre el judaísmo antiguo, la pregunta que se hace Weber es si los modos de vida generados por estas religiones eran adecuados para fomentar la racionalización de la actividad humana en el mundo o, por el contrario, para frenarla o limitarla. La comparación entre las distintas religiones lleva a la conclusión de que la ética de la profesión del protestantismo ascético es el elemento central que hace que la religión se convierta en un potente impulso para la racionalización de los distintos ámbitos de la vida cotidiana. Esta moral ascética se convierte en un poder que rompe los vínculos tradicionales a los que iba ligada la actividad de los hombres: dirigir la acción de manera racional-instrumental aparece en el protestantismo ascético como un mandato divino, que todo creyente tiene que seguir. La racionalidad de índole religiosa *(Wertrationalität),* que considera que el trabajo tiene un valor en sí mismo y es un deber para con Dios, se convierte aquí en el factor fundamental de la racionalización (instrumental) de la actividad humana en el mundo, haciendo que se desarrollen en la sociedad ámbitos que operan con esta racionalidad instrumental. Como decía más arriba, el capitalismo empresarial racional, la ciencia empírica y la tecnología, el Estado racional y el derecho formal aparecen así como resultado de un proceso de racionalización social que está en estrecha conexión con la racionalización moral que tiene la religiosidad occidental y que se completa con la racionalización de la dominación burocrática. Weber recuerda, en todo caso, que además de la religión han influido otros factores en el proceso de racionalización. Para el establecimiento del derecho formal, por ejemplo, tuvo importancia la recepción del derecho romano y el desarrollo económico occidental. Para el desarrollo del capitalismo moderno también tiene una importancia significativa la ciudad medieval europea, que estuvo más dirigida que las ciudades antiguas hacia una economía racional. En la ciudad europea medieval, determinados grupos sociales, como los comerciantes y los artesanos, produjeron ya ciertas formas de racionalidad económica, que tenían una afinidad con las formas racionales de la religiosidad, por lo que se pudieron unir más fácilmente con éstas. Todo este proceso real de diferenciación social, en el que domina la presencia de la acción racional, es el trasfondo histórico de la tipología weberiana de la acción y de la posición de guía que ocupa en ella la racionalidad instrumental. La importancia del tipo de acción racional instrumental en la sociología weberiana no debe conducir, sin embargo, al malentendido de que Weber tenga una interpretación racionalista de la realidad, en el sentido de que considere que la actuación racional domina en el mundo. La sociología comprensiva sólo es «racionalista» por el método racionalista que utiliza (*Conceptos...*, pág. 82).

4. Metodología weberiana: tipo ideal, «coherencia lógica», ciencia social no valorativa

La metodología científica de Max Weber, expuesta por el autor en numerosos artículos a partir de 1904, podemos centrarla en estos tres aspectos fundamentales del enunciado de este apartado. La construcción de los tipos ideales ocupa sin duda un lugar preferente en la ciencia social que proyecta Weber, en su intento por separarse en parte del idealismo pero sin pretender aplicar a las ciencias sociales el modelo completo de las ciencias naturales. La «coherencia lógica» y la «correspondencia causal» constituyen los dos criterios para que una investigación sociológica pueda realizar el proceso de imputación de un fenómeno social a su causa. Por último, la tesis de que la ciencia social no formula juicios de valor sobre los fenómenos cuyas causas analiza marca los límites dentro de los que se desarrolla la nueva ciencia social a que aspira Weber, límites sobrepasados en las ciencias de la cultura practicadas por sus maestros.

A) Tipo ideal

Los tipos ideales son construcciones conceptuales necesarias para poder operar con la variada realidad histórica, sistematizando, clasificando y permitiendo, en definitiva, trabajar también en las ciencias sociales con conceptos claros, precisos y firmes. Con la construcción de tipos ideales Weber pretende ir más allá del historicismo, el cual no operaba con conceptos-tipo sino con narraciones individualizadas de los fenómenos históricos, en las que se utilizaba básicamente el acceso empático o psicológico para describir y entender los acontecimientos y las actividades humanas del pasado.

La creación de tipos ideales, claros y precisos, está dirigida, sin duda, a la caracterización y análisis de fenómenos individualizados, pero en vez de pensar que la enorme variedad de los fenómenos individuales históricos hacía inviable la aplicación de conceptos-tipo precisos y firmes –al considerar que cada fenómeno era específicamente único e irrepetible–, Weber creía, por el contrario, que había que tratar también los fenómenos de índole individual con conceptos-tipo. En el planteamiento de Weber, los tipos ideales no funcionan como «leyes», es decir, para Weber los fenómenos individuales no deben ser tratados como si fueran ejemplos concretos de una «ley» general del estilo de las leyes de las ciencias naturales. Lo que Weber quería era corregir a aquellos historiadores que creían que la variedad y la permanente transformación de los fenómenos históricos objeto de la investigación no permitían aplicar conceptos firmes y precisos. Weber, por el contrario, entiende que es precisamente esa enorme variedad de hechos individuales la que está reclamando la construcción y utilización de conceptos precisos y claros.

Weber aborda la función de los tipos ideales también en los *Conceptos sociológicos fundamentales* (capítulo primero, apartado 11), pero los analiza sobre todo en su artículo sobre «La "objetividad" del conocimiento en la ciencia social y en la política social» (WL, 146-214, especialmente 190-204) y en algunos otros pasajes de su obra (GASW, 280).

Construcción de los tipos

La construcción de un «tipo ideal» o «concepto-tipo» es el resultado de la distinción analítica de determinados aspectos de un fenómeno concreto y de la elección y *acentuación* de un aspecto específico de ese fenómeno histórico, aspecto específico cuya causa y efectos se van a investigar. Esto quiere decir que el concepto-tipo no es una reproducción ni una copia de un fenómeno histórico concreto, sino una creación racional con el fin de conocer, clasificar e interpretar la realidad concreta. La acentuación de uno o de varios aspectos seleccionados de los fenómenos históricos concretos nos da la clave de que se trata aquí de una construcción conceptual pura, ideal, que no se encuentra como tal en la propia realidad. En este sentido, Weber dice literalmente que el tipo ideal es una «utopía», es decir, algo construido, ficticio, que no existe como tal en la realidad empírica[3]. Cuando

---

3. El resultado de este proceso de acentuación y síntesis de elementos constitutivos lo denomina Weber literalmente «utopía» (WL, 190,

Weber se pregunta, por ejemplo, por la relación entre el protestantismo ascético y la mentalidad capitalista, no pretende describir el fenómeno histórico del capitalismo –que tiene sin duda muchas dimensiones o aspectos– ni tampoco pretende describir todo el fenómeno histórico del protestantismo. Weber elige, tanto respecto al capitalismo como respecto al protestantismo, un aspecto concreto. Weber, diferenciando entre varias formas de mentalidad capitalista, se centra en una forma específica de la misma, en la mentalidad capitalista racionalista, que distingue claramente de otras formas de mentalidad capitalista de índole especulativa y aventurera. La mentalidad capitalista que tipifica la define por varios rasgos: la entrega absoluta al trabajo duro sin tomar en consideración el aspecto agradable del consumo, el tiempo es dinero, las virtudes que dan crédito a una persona generan también dinero, no hay que gastar todo lo que uno tenga, ganar dinero es un deber que se le impone al hombre por encima de cualquier consideración hedonista o utilitarista. Y el mismo proceso de tipificación hace respecto al protestantismo. Weber elige, entre las distintas formas de protestantismo, aquellas formas de la ética protestante que se le presentan con los rasgos más acentuados de un ascetismo «intramundano», es decir, no pensado ni practicado fuera del mundo, en los conventos. Weber elige aquellos aspectos de esos fenómenos en virtud de su influencia sobre otros fenómenos, en virtud de su sig-

---

194), «construcción», *Phantasiegebilde* (WL, 190, y otros lugares) o «concepto ideal límite» (WL, 194). Queda claro que se trata de construcciones artificiales, mentales, y no de reproducciones de la realidad.

nificación para el racionalismo occidental moderno. Tanto la «ética protestante» como el «espíritu capitalista» son tipos ideales.

Los tipos ideales son construcciones, «imágenes mentales», pero dirigidos por una «idea». La selección, la acentuación y la síntesis de determinados elementos de la realidad están dirigidas por una idea. Hay en el proceso de construcción de los tipos una idea directriz del conjunto de elementos que se integran en aquél, idea que no tiene por qué ser la que dirige la acción concreta en la realidad, pues el tipo ideal está como tal alejado de la realidad. La relación entre el concepto-tipo o tipo ideal y la realidad se podría formular diciendo que el tipo ideal es el «concepto» hacia el que intentan llevar sus acciones las personas actuantes en la realidad o hacia el que, al menos, podrían llevarla. Quiere esto decir que los conceptos-tipo se refieren siempre a situaciones o a fenómenos *posibles*. Partiendo de esta clara separación entre el tipo ideal y los fenómenos reales a los que aquél se refiere, el trabajo del historiador consistirá precisamente en comprobar en cada caso concreto la proximidad o la lejanía de éste respecto a esta imagen mental «ideal» (WL, 191). Ésta es la función instrumental que va a desempeñar el tipo ideal: ayudar a comparar la realidad con él. Sea cual sea el contenido conceptual del tipo ideal –un contenido jurídico, ético, político o religioso–, su función en la investigación es «comparar la realidad con él, constatar la distancia o el contraste o la proximidad de la realidad empírica con el tipo ideal para poder describir la realidad con conceptos lo más claros posible y poder comprenderla y explicarla con una imputación causal» (WL, 535-536).

Esta función instrumental del tipo ideal expresa con claridad el sentido de «ideal» aplicado a esta construcción conceptual. «Ideal» no significa que el tipo así construido sea un modelo para la realidad ni pretende tampoco contener en él la «idea perfecta» de los fenómenos reales (WL, 192). «Ideal» no indica un nivel de perfección, de esencialidad, de su contenido conceptual. «Ideal» tiene que ver exclusivamente con la función puramente lógica que el «tipo ideal» cumple, la de servir para comparar la realidad concreta con él mismo. «Ideal», por otra parte, tampoco implica una valoración de la realidad, pues hay tipos ideales de religiones o de burdeles. El tipo ideal no pretender formular la «esencia» de una realidad histórica, el contenido «verdadero» de un fenómeno. No puede ser entendido, dice Weber, como la cama de Procusto, en la que hubiera que encajar a la fuerza la realidad histórica. Los tipos ideales construidos no son, en resumen, la esencia que estaría detrás de los fenómenos concretos, ni una hipóstasis idealizada de la realidad ni las «fuerzas» auténticas que actúan en la historia (WL, 195).

Esta construcción conceptual que Weber denomina tipo ideal tampoco es sinónimo de concepto genérico. Los tipos ideales se construyen para denominar «individualidades históricas», es decir, un conjunto de elementos de la realidad histórica relacionados entre sí, al que el investigador le da una unidad conceptual atendiendo a la significación que tiene para la cultura. La significación cultural la tiene ese fenómeno en cuanto *individualidad* y, por ello, no puede definirse según el esquema tradicional del género próximo y la diferencia específica. Por tratarse de una *individualidad* histórica cabe abordarla desde distintos puntos de vista, y desde cada punto de vista el fenómeno en cuestión presentará rasgos distintos. Esto quiere decir que en la construcción de los conceptos históricos no se pretende reducir la realidad histórica a conceptos genéricos abstractos, sino que se pretende estructurar esa variada y diferenciada realidad sin renunciar a su impronta inevitablemente individual. En el caso de la «mentalidad capitalista», por ejemplo, el punto de vista que le interesa a Weber presenta unos rasgos diferentes de los que tendría desde otro punto de vista.

La construcción del tipo ideal como algo distinto de un concepto genérico se debe a la insuficiencia de la lógica tradicional para abordar el campo de estudio propio de la historia o de la economía política, es decir, el ámbito de la vida cotidiana *(Lebenswelt)*. En la lógica tradicional, los conceptos genéricos se forman mediante la obtención de los caracteres comunes que tengan los fenómenos o los objetos individuales. Mediante este proceso se va alcanzando un concepto genérico de un orden superior. Es el proceso de la inducción. Especificar un concepto genérico quiere decir que se añade alguna característica nueva al género. El contenido de un concepto genérico va aumentando a medida que va descendiendo de nivel e incluyendo cada vez más características específicas. Es decir, un concepto genérico posee un contenido conceptual menor cuanta más amplia sea su aplicación, a cuantos más objetos se aplique. Una lógica que opera con este proceso del género próximo y la diferencia específica para definir los objetos no funciona para captar el mundo cotidiano. En este mundo, que es el mundo de la acción humana, detrás de las palabras hay relaciones, relaciones entre las personas, relaciones de significado; no hay «sustancias». Estas características del mundo humano hacen que no sirva aquí la lógica tradicional, pues ésta observa los fenómenos individuales como ejemplos de un género. La deducción del silogismo tradicional no sirve para explicar los fenómenos individuales, pues aquél pretende subsumir un hecho individual como un ejemplo concreto de un concepto más universal. Es decir, la deducción ignora el carácter específicamente individual de los fenómenos humanos. Y lo que individualiza a una acción o un fenómeno humano es el «significado» que se le asocia. Con un concepto genérico lo que se hace es subsumir lo particular y concreto en lo general; lo general es solamente lo común, lo idéntico existente entre varios «ejemplos». Para entender y explicar un fenómeno humano no sirve la explicación causal consistente en la subsunción de un caso particular bajo una ley, sino que se trata de entender la realidad que nos rodea en su haber-sido-así concreto e individual, entendiendo el significado y los motivos que han hecho que eso haya sido como ha sido. Todo esto quiere decir que las construcciones conceptuales que Weber llama tipos ideales o conceptos-tipo son una construcción mental necesaria, habida cuenta de cómo es el mundo humano, para poder operar con fenómenos humanos de índole individual, que no se dejan explicar subsumiéndolos en una «ley» general o en un concepto genérico mediante la inducción. El tipo ideal selecciona y acentúa algún rasgo de los fenómenos reales en virtud de su relevancia cultural, relevancia que el investigador plantea desde un punto de vista determinado.

(En el caso de Weber, era el del racionalismo occidental moderno.)[4]

Ejemplos de tipos ideales

Al explicar y comentar la construcción y la función de los tipos ideales, el propio Weber va poniendo algunos ejemplos ilustrativos de su exposición. Y no sólo me refiero a su investigación sobre la mentalidad capitalista y la ética protestante, que hemos mencionado antes. En un pasaje del citado artículo sobre «La "objetividad" del conocimiento...» se refiere Weber al tipo ideal «mercado». En él se recoge, dice, una imagen mental ideal de lo que acontece en una sociedad organizada con una economía de libre cambio, de competencia libre y con sujetos que actúan de manera estrictamente racional. El tipo ideal «mercado» reúne, por tanto, un conjunto de elementos determinados de la realidad empírica, que en este esquema mental están relacionados entre sí sin ninguna contradicción interna. Cuando el investigador de la realidad histórica constate o sospeche que se dan determinadas relaciones que se aproximan a esta construcción mental abstracta, es decir, cuando constate que en la realidad existen acciones dependientes del «mercado», podrá ilustrar con la ayuda de este tipo ideal construido la peculiaridad de la realidad para poder «entenderla» o «comprenderla». En otro pasaje habla Weber del tipo «economía urbana». Al construir este

---

4. WL, 201. Los conceptos genéricos, dice, pueden establecerse como tipos ideales mediante abstracción. Es decir, cabe construir tipos ideales de muchos fenómenos: de conceptos genéricos, de ideas, de ideales y de teorías construidas (WL, 205).

concepto tipo con un conjunto de elementos determinados, el historiador comprobará en su investigación concreta hasta qué punto las relaciones económicas de una ciudad concreta se pueden calificar de «economía urbana» conceptualmente hablando (WL, 191).

El ejemplo del concepto de Estado puede ser igualmente clarificador. El concepto de Estado no se da en la realidad como tal. Y Weber dice que cuando nos preguntamos qué es lo que en la realidad empírica se corresponde con el concepto de Estado, nos encontramos un conjunto de relaciones jurídicas, de relaciones de hecho, de acciones y de omisiones, a todas las cuales les confiere unidad la idea de que existen, y de que tienen que existir, normas obligatorias para las personas y de que tiene que existir una institucionalización del poder de los hombres sobre los hombres. Esto quiere decir, continúa Weber, que el concepto de Estado es una construcción mental a posteriori que realiza el investigador con un propósito intelectual, cognoscitivo. Esta construcción conceptual ideal es la que nos permite hablar, por ejemplo, de un «Estado organicista», característico de la tradición de pensamiento alemán, en contraposición a un «Estado mercantil», elaborado en la tradición norteamericana (WL, 200-201).

Observación final

Hemos mencionado que en la construcción de los conceptos-tipo hay siempre una idea directriz que tiene que ver con los puntos de vista o la perspectiva desde la que el investigador aborda su objeto de estudio. En la ciencia social, que tiene que investigar la realidad del mundo humano, son inevitables y necesarios «puntos de vista» con los que abordarla. Estos puntos de vista o perspectiva no son, por otra parte, un asunto arbitrario del investigador, pues a éste se le «imponen» las ideas dominantes en su época. Pero estas ideas dominantes están sometidas a su vez a un proceso de cambio continuo. Al cambiar las ideas dominantes, al cambiar los problemas de la cultura en una época determinada, cambian también los puntos de vista o la perspectiva con los que el investigador aborda su objeto de investigación. Esto hace que las ciencias sociales sean siempre unas ciencias jóvenes, en el sentido de que el flujo de la cultura humana va conduciendo a nuevos problemas (WL, 206). La pregunta inmediata que surge es: ¿dónde está el progreso en las ciencias sociales, en qué avanzan, si los cambios en la ideas dominantes sobre la cultura humana afectan a la perspectiva de la investigación? La respuesta de Weber es que el progreso está en una continua reformulación y creación de conceptos científicos, es decir, de tipos ideales, con los que aprehender esa inagotable realidad del mundo humano: «La historia de las ciencias de la vida social es y será un permanente intercambio entre el intento de ordenar mentalmente los hechos mediante la construcción de conceptos... y la creación de nuevos conceptos. Aquí no se pone de manifiesto un intento fallido en la construcción de los conceptos como tal..., sino sólo el hecho de que, en las ciencias de la cultura humana, la construcción de los conceptos depende de los problemas que se planteen, y que estos últimos cambian con el cambio de la propia cultura. En las ciencias de la cultura, la relación entre el concepto y lo conceptualizado trae consigo el carácter efímero y transitorio de cualquier síntesis» (WL, 207). Esta formulación del carácter cambiante y transitorio del conocimiento científico en las ciencias sociales se podría considerar como una especie de anticipo del «cambio de paradigma», pues Weber percibió con claridad la significación que tienen los puntos de vista, la perspectiva, para el conocimiento en estas ciencias sociales: «... en algún momento cambia el color: se hace insegura la significación de los puntos de vista utilizados sin una reflexión previa, el camino se pierde en la oscuridad. La luz de los grandes problemas de la cultura está más adelante. Entonces la ciencia se equipa para cambiar su posición y su aparato conceptual y poder mirar desde la altura del pensamiento a la corriente de los acontecimientos» (WL, 214).

B) «Coherencia lógica» *y* «correspondencia causal»

En el capítulo 1, apartado 7, de los *Conceptos sociológicos fundamentales,* al hablar Weber de los motivos de las acciones, se exponen estos conceptos de la «coherencia lógica» (*Sinnadäquanz*) y de la «correspondencia causal» (*Kausaladäquanz*). Se trata de dos conceptos metodológicos para la realización de la investigación que expresan, a su vez, el intento weberiano por unir su trasfondo idealista de la comprensión del significado con la concepción positivista de la explicación causal. Como hemos señalado anteriormente, para Weber la sociología es una ciencia que pretende comprender el significado de una acción e intenta al mismo tiempo explicar causalmente tanto la realización de esa acción como sus consecuencias. De esta manera, Weber une la comprensión hermenéutica y la explicación causal, si bien el papel más importante se lo lleva la comprensión hermenéutica, pues ésta prepara la información para la explicación causal. Los criterios metodológicos de la «coherencia lógica» y de la «correspondencia causal» son los criterios de prueba, respectivamente, para la comprensión hermenéutica o interpretativa y para la explicación causal.

La «coherencia lógica», como traducimos aquí *Sinnadäquanz,* quiere decir que, en el análisis de fenómenos culturales, se descubre una concordancia interna en el nivel del significado entre sus elementos integrantes, de modo que es congruente establecer una relación de causa a efecto entre ellos. En el ejemplo que aporta Weber, en el mencionado apartado 7 del capítulo 1 de los *Conceptos,* dice que la solución de un problema de cálculo, realizada aplicando nuestras reglas de cálculo y nuestras reglas lógicas, tiene «coherencia lógica». Quiere decirse, por tanto, que la «coherencia lógica» consiste en la existencia de una relación de causa a efecto entre nuestras reglas de pensamiento racional y el resultado correcto de la operación de cálculo. Al haber una correspondencia entre las reglas racionales y la solución correcta, estamos diciendo que la solución correcta es derivable de las reglas de cálculo: un hecho se puede entender como parte o como derivación del otro.

Otro ejemplo concreto de «correspondencia en el significado» que menciona Weber en los *Conceptos* (pág. 86) es la llamada ley de *Gresham. El fenómeno de retirar de la circulación las monedas de mayor valor se comprende cuando se ve el motivo que lo puede originar, el deseo humano de atesorar. Entre el deseo humano de atesorar riqueza (concretamente, las monedas de mayor valor) y la retirada de la circulación de las monedas de mayor valor se da una correspondencia racional, aplicando el esquema de la racionalidad instrumental de medios-fines.

La comprobación de este criterio de la «coherencia lógica» en la investigación weberiana sobre la ética protestante y el «espíritu» del capitalismo tiene que demostrarnos la existencia de una correspondencia de efecto-causa entre la mentalidad capitalista racionalista y la ética calvinista, de índole igualmente racionalista y ascética. El primer paso que da Weber en su investigación es precisamente mostrar esta correspondencia entre el modo de vida racional en el trabajo y el modo de vida ascético impulsado por la fe cristiana calvinista, es decir, en mostrar que la ética capitalista del trabajo puede ser entendida como una forma de ascetismo intramundano[5]. Hay concordancia entre ambos porque resulta congruente racionalmente que si la moral calvinista guía la actividad económica, genera un modo de actividad económica racional, ascética, que privilegia el trabajo por encima del consumo.

Ahora bien, el que exista una correspondencia (racional, teórica) entre la ética calvinista y la mentalidad capitalista como una relación de causa-efecto no nos dice todavía nada sobre si efectivamente se ha producido en

---

5. Esto es lo que intenta en RS, 30-62, 105-111, 190-202. Los estudios sobre sociología de otras religiones no cristianas pretenden demostrar que esas otras religiones universales no desarrollaron ningún ascetismo intramundano, como sí lo desarrolló el cristianismo calvinista.

la realidad empírica ese efecto de la ética calvinista. De la misma manera, el que exista una concordancia racional entre el aprecio de las monedas de mayor valor y su atesoramiento, retirándolas de la circulación, no nos dice todavía nada sobre si efectivamente se ha dado empíricamente en la historia ese fenómeno. Weber señala que, en este último ejemplo, se ha demostrado empíricamente, con numerosos casos, que la congruencia racional que formula la ley de Gresham se corresponde con la realidad. En el caso de la relación entre la ética calvinista y la mentalidad capitalista tenía que ser igualmente la investigación empírica, decía Weber, la que demostrara que determinados grupos de calvinistas –en Holanda, en Estados Unidos o en Alemania, por ejemplo– habían generado una mentalidad capitalista racionalista. Esto quiere decir que la investigación sobre fenómenos culturales tiene que completarse con el segundo criterio metodológico, con la comprobación de la «correspondencia causal», es decir, con la demostración de que un motivo determinado ha generado efectivamente un efecto. Cuando se haya hecho esta comprobación podremos decir que la hipótesis interpretativa tiene una correspondencia o una concordancia causal. Existe «correspondencia causal», según la propia definición de Weber en los *Conceptos,* cuando existe la probabilidad, de acuerdo con las reglas de nuestra experiencia, de que un fenómeno se dé en relación de sucesión con otro o al mismo tiempo que otro. Es decir, cuando, aplicando las reglas demostradas en nuestra experiencia, podemos afirmar que es probable que se vaya a dar un fenómeno determinado cuando se da otro (*Conceptos...,* pág. 88).

Es importante remarcar que, para que haya una explicación causal de un fenómeno de la cultura humana, tiene que comprobarse tanto la existencia de una correspondencia (racional) entre el fenómeno y su hipotético motivo como una demostración de que ha sido generado efectivamente por ese motivo. Si falta esa correspondencia causal, no sabríamos si un resultado ha sido efectivamente debido a qué motivo, pues un mismo resultado podría estar causado por otro motivo, o los motivos que parecen congruentes podrían haber sido bloqueados. Si falta esa coherencia lógica –entre el motivo y el fenómeno-efecto– podríamos estar ante secuencias estadísticas de fenómenos que se dan con regularidad –modo de vida racional, trabajo duro, ascético–, pero si no sabemos nada de la congruencia interna entre ambos fenómenos, no estaríamos ante un conocimiento sociológico. Hay una gran cantidad de regularidades estadísticas que no nos dicen nada sobre su significado, es decir, sobre los motivos que están en su origen. Para que sean regularidades sociológicas tienen que decir algo sobre el significado de esas acciones, tenemos que saber algo sobre cuál es el motivo congruente explicativo de esas acciones que muestran una regularidad. Sólo entonces, cuando ambos requisitos se han producido, es decir, cuando una hipótesis interpretativa es *sinnadäquat* y *kausaladäquat,* se ha cumplido la tarea que Weber pone a la sociología, es decir, comprender interpretando el sentido subjetivo de una acción y explicar causalmente el desarrollo y los efectos de la acción. Volviendo al caso de la «ética protestante», podemos decir que Weber *comprende* la actividad económica racional capitalista interpretando su sentido subjetivo, es decir, los motivos éticos de los sujetos que les impulsan a realizarla, y *explica* el comportamiento económico racional causalmente, es decir, imputándolo a una ética con esas características de racionalidad intramundana –la calvinista–. La investigación empírica tendría que demostrar que, efectivamente, en determinados grupos de protestantes ascéticos se generó esa mentalidad capitalista, aunque no existiera todavía un desarrollo capitalista.

C) La ciencia social no es valorativa

El tercer elemento de la metodología weberiana es la tesis de que las ciencias sociales no formulan juicios de valor en virtud de las investigaciones que realizan. O, dicho de otra manera, la ciencia social no fundamenta «concepciones del mundo» o convicciones valorativas sobre el mundo. Los pasajes de la obra de Weber sobre esta ausencia o retraimiento de las ciencias sociales en la formulación de «ideales» o juicios valorativos están en otros escritos distintos de estos *Conceptos sociológicos fundamentales*. Hay que acudir a algunas páginas del artículo sobre «La "objetividad" del conocimiento en la ciencia social y en la política social» (1904), del artículo «El significado de la "ausencia de valores" en las ciencias económicas y sociológicas» (1917) y de la conferencia «La ciencia como profesión» (1917)[6].

---

6. Los pasajes especialmente interesantes: «Die "Objektivität" sozialwissenschaftlicher und sozialpolitischer Erkenntnis» (WL, 148-161),

En el artículo sobre «La "objetividad" del conocimiento» había escrito que «una ciencia de la experiencia no puede enseñar a nadie lo que *debe* hacer, sino sólo lo que *puede* y, en determinadas circunstancias, lo que *quiere* hacer» (WL, 151). La ciencia de la economía, por ejemplo, no puede ser una ciencia «ética» en el sentido de que extraiga de su material de estudio normas o ideales en relación con la actividad económica o la sociedad en general. Las ciencias sociales tienen ahí un importante límite. No pueden suministrar el sentido de la vida ni una orientación para actuar en la vida, ni son el camino que conduzca al descubrimiento o a la formulación de los ideales por los que guiarse: «El destino de una cultura que ha probado del árbol de la sabiduría es tener que saber que no podemos deducir el sentido del acontecer del mundo a partir de los resultados de la investigación del mundo, por muy completa que ésta sea. Por el contrario, debemos ser capaces de crearlo por nosotros mismos. También tiene que saber que las "concepciones del mundo" nunca pueden ser el resultado de un saber empírico avanzado. Y, por lo tanto, que los ideales supremos que más nos conmueven siempre tienen sus consecuencias sólo en lucha con otros ideales, tan sagrados como los nuestros» (WL, 154).

La ciencia puede responder a las preguntas de «qué es» algo, «por qué» algo es así, qué es posible y qué no es posible. Pero no puede responder a preguntas sobre lo

---

«Der Sinn der "Wertfreiheit" der soziologischen und ökonomischen Wissenschaften» (WL, 489-540) y «Wissenschaft als Beruf» (WL, 598-605).

que debería ser. Las respuestas a estas preguntas normativas presuponen, en último término, que se tendría que poder llegar a un punto en el que forzosamente tendría que haber una posición aceptada por todos. Pero una ciencia no puede cesar nunca de preguntarse y de seguir buscando la verdad. Si elevara alguna conclusión a los altares, si la inmovilizara o sacralizara, estaría generando «el sacrificio de la inteligencia», que las religiones exigen a sus creyentes. La ciencia moderna precisamente no entroniza ninguna verdad: cuando, en el ámbito de las cuestiones normativas sobre el mundo, se quiere poner algo como verdad, se trata realmente de alguna *ideología* concreta. En el ámbito de lo humano, piensa Weber, la lucha entre los valores más altos por los que las personas orientan su vida no sólo es corriente, sino inevitable. Es una lucha como entre Dios y el diablo. El compromiso con esos valores supremos es algo muy personal, que no puede generalizarse, universalizarse. La ciencia no puede fundamentarlos. Lo que sí puede hacer la ciencia es ayudarnos a determinar lo que son los fenómenos del mundo humano, por qué son así, lo que es posible y lo que no es posible. Puede informarnos sobre la estructura lógica y la honestidad de nuestros objetivos, sobre los medios eficaces para conseguirlos, sobre las consecuencias de estos medios para lograr los fines. Pero no nos puede liberar de nuestra responsabilidad personal en la elección y defensa de los ideales con los que los seres humanos dan sentido a su vida.

La afirmación de que las ciencias sociales tienen que abstenerse de emitir valoraciones, de extraer conclusiones valorativas desde su propio material de estudio, es una exigencia que plantea Weber como ineludible para profesores e investigadores, en el sentido de que éstos tienen que mantener absolutamente separados los hechos empíricos –incluyendo en ellos los comportamientos «valorativos» de las personas que son objeto de estudio– y sus propias posiciones valorativas (WL, 500). Esta exigencia va expresamente dirigida contra aquellos profesores –algunos de los cuales habían sido profesores de Weber en la Universidad de Berlín– que difundían en sus clases universitarias ideales de vida, ideologías políticas o sus propias valoraciones sobre la realidad económica o política. Weber cree que un docente no es un profeta ni un político, y que para la expresión de sus propias convicciones dispone el profesor de otros espacios, como la prensa o las asambleas políticas. La ciencia es una actividad profesional «especializada» al servicio del conocimiento de la realidad, y no es un don de visionarios ni de profetas para distribuir la salvación ni tampoco es una reflexión sobre el *sentido* del mundo por parte de filósofos y sabios (WL, 609). Por ello dice que lo que un estudiante debería aprender en la clase universitaria tendrían que ser, ante todo, estas tres cosas: *a*) en primer lugar, aprender a desarrollar la capacidad para conformarse con un cumplimiento estricto de una tarea determinada; *b*) en segundo lugar, aprender a aceptar los hechos, y concretamente los que le resultan personalmente incómodos, distinguiendo los hechos de las posiciones valorativas sobre ellos; *c*) y, en tercer lugar, el estudiante tendría que aprender a poner el objeto de estudio por delante de su propia persona; es decir, tendría que aprender a reprimir la necesidad de manifestar espontáneamente sus gustos y sentimientos personales (WL, 493). Weber está en contra de la tesis de que las personas siempre tienen que manifestar en todas sus actividades la «unidad» de todas las dimensiones de su propia persona y que sería una gran pérdida personal dejar de hacerlo en alguna ocasión o actividad. Él entiende, por el contrario, que en cualquier actividad profesional, la actividad de que se trate tiene sus propias exigencias y que hay que dejar a un lado todo aquello que no pertenezca estrictamente a ésta como tal, especialmente los sentimientos personales de amor u odio. Weber cree que una personalidad fuerte no se manifiesta precisamente en dar en todo momento y ocasión su «nota personal». Piensa, por el contrario, que tener o ser una «personalidad» es algo a lo que, quizás, se pueda llegar, pero sólo a través de una entrega sin reservas a la «causa», es decir, al propio trabajo, se presente éste como se presente en el caso concreto y con las exigencias que de él se deriven.

5. Influencia de Max Weber

En la actualidad Max Weber es reconocido universalmente como uno de los fundadores de la ciencia social contemporánea. Pero durante su vida, y en los años inmediatamente posteriores a su muerte, no disfrutó de un reconocimiento nacional o internacional. Y cuando, después de la dictadura nacionalsocialista y la Segunda Guerra Mundial, se reconstruyó la universidad alemana, no fueron los sociólogos alemanes de la época de Weimar –Max Weber, Ferdinand Tönnies, Werner Sombart o Georg Simmel– los estudiados por los profesores y estudiantes alemanes, sino los sociólogos norteamericanos. Muy pocos alemanes se ocuparon de Max Weber en la Alemania de los años cincuenta. Friedrich H. Tenbruck y Johannes Winckelmann fueron las excepciones. Hasta el Congreso alemán de sociología de 1964 no llegaría el redescubrimiento de Max Weber en Alemania. En los Estados Unidos, sin embargo, gracias a Talcott Parsons sobre todo, la sociología norteamericana sí había estado en contacto con la obra de Max Weber. Parsons, que había estado en la Universidad de Heidelberg para escribir su tesis doctoral, había traducido al inglés la «Ética protestante y el espíritu del capitalismo» en 1930. Poco después, en 1937, su libro *The Structure of Social Action* llamaba la atención sobre la significación de Max Weber para la sociología. En 1947 traduciría al inglés una parte de «Economía y Sociedad»[7]. La recepción de Weber se haría, también en Alemania, en un principio, a través de la interpretación de Talcott Parsons.

El Congreso alemán de Sociología de 1964 marcó efectivamente un antes y un después en el reconocimiento internacional de Max Weber como uno de los fundadores de la sociología contemporánea. Los asistentes al Congreso de fuera de Alemania –Talcott Parsons, Pie-

---

7. *The Protestant Ethic and the Spirit of Capitalism.* Transl. by T. Parsons, Londres, 1930. El título completo del libro de 1937: *The Structure of Social Action. A Study in Social Theory with Special Reference to a Group of Recent European Writers.* Nueva York, 1937. Y la traducción parcial de «Economía y Sociedad»: *The Theory of Social and Economic Organizations.* Transl. by A. M. Henderson and T. Parsons. Ed. by T. Parsons. Nueva York/Londres, 1947.

tro Rossi, Herbert Marcuse, Reinhard Bendix– y académicos alemanes, como Wolfgang Mommsen, Wilhelm Hennis o Jürgen Habermas, entre otros, discutieron sobre las distintas facetas de la obra del «mito de Heidelberg»[8]. Las décadas siguientes han sido de una enorme actividad investigadora sobre la obra de Weber, no siendo éste el lugar para resumir ni siquiera sus líneas principales. Sólo quisiera hacer una breve referencia a la recepción de uno de los conceptos fundamentales de la ciencia social weberiana y que ocupa el lugar central en los *Conceptos sociológicos fundamentales*. Se trata evidentemente de su concepto de «acción». La influencia de Weber en este punto ha sido grande, pues la teoría sociológica desde Max Weber se entiende mayoritariamente como teoría de la acción. No es quizá necesario señalar que la recepción en este punto concreto no ha seguido, ni mucho menos, un desarrollo lineal. Como ocurre con la recepción de otros clásicos, sus enfoques inspiran y fecundan planteamientos posteriores, pero las continuaciones, los desplazamientos de perspectiva, las combinaciones con otros enfoques y las críticas son una parte sustancial de la recepción. El enfoque de Max Weber sobre la acción humana tiene, ante todo, un carácter metodológico, preguntándose cómo puede entenderse y explicarse la acción humana, y concretamente la acción social. Su análisis de la acción cumple la función de suministrar una base conceptual para poder operar

---

8. Algunos de los trabajos presentados en el Congreso están traducidos al castellano en Talcott Parsons y otros, *Presencia de Max Weber*. Selección de José Sazbón. Buenos Aires, Ediciones Nueva Visión, 1971.

en los análisis sociológicos materiales. Hemos visto que fundamenta el concepto de acción en el de significado subjetivo, pero luego no sigue ocupándose más de la cuestión de la constitución de la acción. Para él es una cuestión secundaria la diferencia de perspectiva entre el actor y un observador de fuera para poder captar el significado de una acción, y esta cuestión la considera, en definitiva, como un problema del observador a resolver metodológicamente. Para Weber, la intersubjetividad de la atribución de significado entre los partícipes de una relación social no se presenta como un problema de naturaleza teórica. Si hay coincidencias o divergencias, es una cuestión puramente empírica y depende del caso individual.

Los investigadores que han recibido un especial impulso del concepto weberiano de la acción han seguido caminos que, en ocasiones, completan los enfoques más simples de Weber o los derivan hacia otros derroteros. Talcott Parsons (1902-1978), el primer gran continuador del enfoque weberiano, lleva más lejos el tratamiento de la acción social. Parsons formula una *teoría* de la acción, en la que se reclama como necesario un componente normativo en toda acción. Las normas y los símbolos generales son interiorizados por los sujetos en el proceso de socialización y garantizan la posibilidad de un entendimiento intersubjetivo, que no queda restringido por la perspectiva diferente que tenga el agente, la persona que interactúa con él o un observador de fuera de la relación. Su teoría de la acción desemboca además en una teoría de los sistemas de acción en la que la sociedad aparece como un sistema de acción que se diferencia en distintos subsistemas, cada uno de ellos con una función específica[9].

El tratamiento que le da a la acción George Herbert Mead (1863-1931) presenta también un desplazamiento del interés weberiano originario. Partiendo de una investigación sobre el comportamiento animal, Mead intenta explicar cómo en la evolución de los organismos que disponen de conciencia y de capacidad de reflexión se llegó a que asociaran a su comportamiento un significado subjetivo, que podían comunicar entre sí, logrando consiguientemente actuar de manera cooperativa. Su teoría investiga, por tanto, los presupuestos más generales para el surgimiento de la capacidad humana de hacer acciones y comunicarse, y esto lo hace tanto en la dimensión filogenética como ontogenética de la evolución. Y aquí invierte la relación entre acción y comunicación. La comunicación no es un resultado de una suma de actos individuales de comunicación, sino que la capacidad para hacer acciones, es decir, para un comportamiento con un significado subjetivo, sólo surge mediante la participación en la comunicación. El significado de las acciones no se constituye primeramente como subjetivo e individual, sino como objetivo y social. La solución del problema de la intersubjetividad es previo a la constitución individual del significado subjetivo[10].

---

9. Talcott Parsons, *The Structure of Social Action*. Nueva York, 1937, 2.ª ed., 1968.
10. George Herbert Mead, *Mind, Self, and Society from the Standpoint of a Social Behaviorist,* ed. Charles W. Morris (1934). Chicago, Londres, 1974.

El enfoque weberiano de la acción es continuado, completado y profundizado en la sociología de Alfred Schütz (1899-1959). Schütz parte expresamente de las insuficiencias teóricas de Weber en su análisis del significado subjetivo de la acción y elabora un análisis sobre la constitución del significado subjetivo de las acciones. Su tesis es que el significado subjetivo de una acción es inaccesible a los otros agentes. Por esto, en su teoría el problema de la intersubjetividad se convierte en la clave para investigar la interacción cotidiana entre los agentes: ¿cómo es posible realmente el entendimiento recíproco con estos presupuestos?[11].

Directamente vinculados a una teoría de la acción, que entronca también con Max Weber, se desarrollan los enfoques de la *Rational-Choice*. Siguiendo a James S. Coleman, el principio fundamental de la *elección racional* puede resumirse en los siguientes términos: la probabilidad de que se realice una acción está en función del incremento del beneficio que el agente espera conseguir, en combinación con la probabilidad que tiene la acción de producir el resultado deseado. Dicho de otra manera, en una situación de elección, el agente realiza aquella acción que le reporte mayor beneficio y que tenga la mayor probabilidad de conseguir semejante resultado. La teoría de la *elección racional* se refiere a la elección de acciones dentro de una serie de alternativas posibles. Para aplicarla a fenómenos sociales, que van más allá del nivel micro de la acción in-

---

11. Alfred Schütz, *Der sinnhafte Aufbau der sozialen Welt*. Viena, 1932, 2.ª ed., 1960; *Collected Papers,* La Haya, 3 vols.: vol. 1, The Problem of Social Reality, 1962; vol. 2: Studies in Social Theory, 1964; vol. 3: Studies in Phenomenological Philosophy, 1966.

dividual y de las interacciones personales entre un pequeño número de agentes, hay que poner la situación de elección en relación con las estructuras sociales y culturales a nivel macro. Coleman concibe esta relación como un *continuum* en el que se pasa del nivel macro al nivel micro para llegar de nuevo al nivel macro. Coleman interpreta, por ejemplo, la tesis de Max Weber sobre la relación entre el protestantismo ascético y el espíritu del capitalismo de la siguiente manera. La doctrina protestante es un fenómeno del nivel macro, porque se trata de una doctrina que es común a comunidades religiosas enteras. La doctrina implica que el individuo protestante defienda determinados valores, como el aprecio por el trabajo duro y la responsabilidad. A nivel micro se reproduce el ejemplo de la doctrina religiosa de un comunidad entera a nivel macro. Estos valores del individuo le llevan a tener un determinado comportamiento económico: trabajar duro y ser fiable en las relaciones económicas. En relación con la elección racional, los valores del individuo significan que los individuos elegirán un comportamiento valorado positivamente en la comunidad, mientras que un comportamiento contrario a estos valores es sancionado negativamente. Por ello, el individuo maximiza el beneficio al permanecer fiel a sus valores. En la medida en que un gran número de personas actúan de esta manera y aprueban su comportamiento, estos valores mencionados se institucionalizan como elementos del capitalismo racional moderno, que es, en último término, un fenómeno de nivel macro[12].

---

12. James S. Coleman, *Foundations of Social Theory*. Cambridge, Mass., 1990. Un detallado análisis de la relación entre Weber y la teo-

Por último, inspiración weberiana hay también, aunque con desarrollos y derivaciones distintas, en la teoría social de Jürgen Habermas. El filósofo alemán formula una teoría de la acción social que distingue de manera esencial entre la acción estratégica y la «acción comunicativa». El carácter de esta última lo define acudiendo a la pragmática universal, concretamente a la teoría de los actos de habla, según la cual la lengua es un acto de habla entre el hablante y el receptor. Esta teoría parte de que el hablante tiene una serie de pretensiones de racionalidad frente a su interlocutor, que puede argumentar. La acción comunicativa es racional en cuanto que los agentes pueden justificar sus afirmaciones con buenas razones, que los agentes aceptan. Partiendo de aquí, distingue una primera forma de acción comunicativa, la comunicación, pasando de aquí al discurso racional y a la construcción de una teoría de la racionalidad. La teoría de la acción de Habermas, que desemboca en una combinación de la teoría de la acción con la teoría de sistemas, va, evidentemente, mucho más allá de lo iniciado por Weber. Por otro lado, Habermas reinterpreta la tesis de la racionalización de Weber, tomando en cuenta la racionalidad comunicativa, y desarrollando una teoría propia de la modernidad[13].

Estas líneas de investigación, elegidas a título de ejemplo entre las más representativas actualmente, muestran

---

ría de la elección racional: Zenonas Norkus, *Max Weber und Rational Choice*. Marburg, 2001; para las relaciones entre Weber y Coleman, especialmente pp. 484-491.
13. Jürgen Habermas, *Theorie des kommunikativen Handelns,* 2 vols. Frankfurt a.M., 1981; *Vorstudien und Ergänzungen zur Theorie des kommunikativen Handelns,* Frankfurt a. M., 1984.

con claridad que el papel de clásico de las ciencias sociales en que se ha convertido Max Weber desde hace décadas consiste básicamente en su capacidad para seguir siendo interlocutor de los investigadores científico-sociales contemporáneos.

Joaquín Abellán

Bibliografía

GASW Max Weber, *Gesammelte Aufsätze zur Sozial- und Wirtschaftsgeschichte,* Mohr, Tubinga, 1924.
MWG *Max Weber Gesamtausgabe,* Tubinga, 1984.
RS Max Weber, *Gesammelte Aufsätze zur Religionssoziologie,* Tubinga, 1920.
WL Max Weber, *Gesammelte Aufsätze zur Wissenschaftslehre,* J. Winckelmann ed., Tubinga (1922), 1968, 3.ª ed.

ABELLÁN, Joaquín, *Poder y política en Max Weber,* Madrid, Biblioteca Nueva, 2004 (cap. 1).
—, «Estudio preliminar» a: Max Weber, *Escritos políticos,* Alianza Editorial, Madrid, 1991 (pp. 7-59).
—, «Introducción» a: Max Weber, *La ciencia como profesión. La política como profesión,* Espasa-Calpe, Madrid, 1992 (pp. 9-49).
AGUILAR VILLANUEVA, Luis F., *Weber: La idea de ciencia social,* 2 vols., Porrúa, México, 1989.
ALBROW, Martin, *Max Weber's Construction of Social Theory,* St. Martin's Press, Nueva York, 1990.
ELIAESON, Sven, *Max Weber's Methodology,* Polity Press, Cambridge, 2002.
GERHARDT, Uta, *Idealtypus. Zur methodischen Begründung der modernen Soziologie, Suhrkamp,* Frankfurt a.M., 2001.
HENNIS, Wilhelm, *Max Webers Fragestellung. Studien zur Biographie des Werks,* Mohr, Tubinga, 1987.
—, *Max Webers Wissenschaft vom Menschen. Neue Studien zur Biographie des Werks,* Mohr, Tubinga, 1996.

HENRICH, Dieter, *Die Einheit der Wissenschaftslehre Max Webers,* Mohr, Tubinga, 1952.
KAESLER, Dirk, *Max Weber. Eine Einführung in Leben, Werk und Wirkung,* Campus Verlag, Frankfurt a.M., 1998, 2.ª ed.
LLANO, Rafael, *La sociología comprensiva como teoría de la cultura: un análisis de las categorías fundamentales del pensamiento de Max Weber,* CSIC, Madrid, 1992.
MOMMSEN, Wolfgang, *Max Weber. Gesellschaft, Politik und Geschichte,* Suhrkamp, Frankfurt a.M., 1974.
MORIKAWA, Takemitsu, *Handeln, Welt und Wissenschaft. Zur Logik, Erkenntniskritik und Wissenschaftstheorie für Kulturwissenschaften bei Friedrich Gottl und Max Weber,* Deutscher Universitäts-Verlag, Wiesbaden, 2001.
MÜNCH, Richard, *Theorie des Handelns. Zur Rekonstruktion der Beiträge von Talcott Parsons, Emile Durkheim und Max Weber,* Suhrkamp, Frankfurt a.M., 1982/1988.
OAKES, Guy, *Weber and Rickert. Concept Formation in the Cultural Sciences,* MIT Press, Cambridge (Mass.), 1988.
RINGER, Fritz, *Max Weber's Methodology. The Unification of the Cultural and Social Sciences,* Harvard University Press, Cambridge (Mass.), 1997.
SCHELTING, Alexander von, *Max Webers Wissenschaftslehre,* Mohr, Tubinga, 1934.
SCHLUCHTER, Wolfgang, *Religion und Lebensführung.* Bd. 1: Studien zu Max Webers Kultur- und Werttheorie. Bd. 2: Studien zu Max Webers Religions- und Herrschaftssoziologie, Suhrkamp, Frankfurt a.M., 1988.
SCHNEIDER, Wolfgang Ludwig, *Grundlagen der soziologischen Theorie,* 2 vols., Westdeutscher Verlag, Wiesbaden, 2002; vol. 1: Weber-Parons-Mead-Schütz.
TENBRUCK, Friedrich H., «Die Genesis der Methodologi Max Webers», en: *Kölner Zeitschrift für Soziologie und Sozialpsychologie* 11 (1959), 573-630.
WAGNER, G., y H. ZIPPRIAN (eds.), *Max Webers Wissenschaftslehre,* Suhrkamp, Frankfurt a.M., 1994.

WEISS, Johannes (ed.), *Max Weber heute. Erträge und Probleme der Forschung,* Suhrkamp, Frankfurt a.M., 1989.
WEISS, Johannes, *Max Webers Grundlegung der Soziologie.* Múnich, 1992, 2.ª ed. revisada.
WINCKELMANN, Johanes, *Max Webers hinterlassenes Hauptwerk: Die Wirschaft und die gesellschaftlichen Ordnungen und Mächte. Entstehung und gedanklicher Aufbau,* Mohr, Tubinga, 1986.

Conceptos sociológicos fundamentales

Nota preliminar del autor

Las definiciones de los conceptos tienen carácter introductorio y, aunque sean inevitablemente abstractas y alejadas de la realidad, no se puede prescindir fácilmente de ellas. El método que seguimos en las definiciones no pretende en modo alguno ser nuevo, sino que, por el contrario, sólo pretende expresar de un modo más correcto y apropiado lo que cualquier sociología empírica piensa realmente cuando está hablando de las mismas cosas. Esto es lo que esperamos, aunque precisamente por ello el modo de expresión resulte pedante. Y esto mismo es lo que esperamos cuando utilizamos expresiones aparentemente nuevas o no usuales. Siempre que nos ha sido posible, hemos simplificado y cambiado la terminología del artículo publicado en la revista *Logos IV* (1913), páginas 253 y siguientes, para hacerla lo más inteligible posible. La necesidad de hacerla enteramente divulgativa no siempre es compatible con la necesidad de la máxima nitidez conceptual posible, y en ese caso aquélla debe ceder ante esta última.

Sobre el concepto de «*comprensión» *(*Verstehen)*, véase la *Allgemeine Psychopathologie* (Psicopatología General), de K. Jaspers. También son pertinentes algunas observaciones de H. Rickert en la segunda edición de *Grenzen der naturwissenschaftlichen Begriffsbildung* (Límites en la construcción de los conceptos en las ciencias naturales) (1913, pp. 514-523) y las de G. Simmel en *Probleme der Geschichtsphilosophie* (Problemas de la filosofía de la historia). Desde el punto de vista metodológico remito aquí, como en otras ocasiones, al procedimiento de F. Gottl en su escrito *Die Herrschaft des Worts* (El poder de la palabra), aunque está escrito en una forma algo difícil de entender y con un planteamiento intelectual no llevado hasta el final. Desde el punto de vista del contenido, remito a la hermosa obra de F. Tönnies *Gemeinschaft und Gesellschaft* (1912). Véase también el confuso libro de R. Stammler *Wirtschaft und Recht nach der materialistischen Geschichtsauffassung* (Economía y Derecho según la concepción materialista de la historia) y *mi* crítica a este libro en la revista *Archiv f[ür] Sozialwissensch[aft und Sozialpolitik]* XXIV (1907), que contiene los puntos fundamentales de lo que sigue a continuación. Me diferencio del método de *Simmel* (en su *Soziologie* y en su *Philos[ophie] des Geldes* [Filosofía del dinero], al distinguir radicalmente entre «significado» *pensado* por el sujeto y significado objetivamente *«válido»*, significados que Simmel no siempre distingue sino que, a menudo, los hace expresamente intercambiables.

1. Concepto de sociología y de «significado» de la acción social

Llamamos «sociología» aquí a la ciencia que quiere comprender la acción social mediante una interpretación de la misma, explicando por esa vía la causa de su realización y de sus efectos.

Llamamos «acción» al comportamiento humano (sea la realización de algo exterior o de algo interno, una omisión o no impedir que algo pase) en la medida en que el agente o los agentes asocian a aquel comportamiento un *significado* subjetivo.

Y llamamos acción «social» a aquel comportamiento en el que el significado que el agente o los agentes le asocian está referido al comportamiento de *otros,* siendo este último por el que se guía el comportamiento de aquéllos.

A) Fundamentos metodológicos

1. «Significado» («sentido») quiere decir aquí dos cosas:

a) El significado *pensado* realmente por el sujeto en un caso concreto determinado o el significado pensado subjetivamente por un número determinado de agentes –por término medio o aproximadamente–;

b) el sentido *pensado* realmente por uno o por varios agentes *conceptualizados* como agentes-tipo dentro de una construcción conceptual *pura*.

Significado no quiere decir aquí el significado «verdadero» en términos metafísicos ni tampoco el significado objetivamente «correcto». Ahí reside precisamente la diferencia entre las ciencias empíricas de la acción –la sociología y la historia– y las ciencias dogmáticas –el derecho, la lógica, la ética, la estética–, en que estas últimas quieren investigar en sus materias respectivas el significado «correcto» o el significado «válido».

2. La frontera entre una acción dotada de significado y un mero comportamiento mecánico que no lleva asociado un significado *pensado* por el sujeto es muy lábil. Una parte muy considerable del comportamiento relevante desde el punto de vista sociológico está en el límite entre ambos comportamientos: por ejemplo, la acción puramente tradicional (véase más abajo). En algunos fenómenos psicofísicos no existe una acción dotada de significado, es decir, no existe una acción susceptible de ser comprendida, y en algunos otros hechos sólo resulta «comprensible» para el experto. Los acontecimientos místicos, que no son comunicables adecuadamente con palabras, no pueden ser comprendidos por

quien no tenga acceso a esas experiencias. Pero, por otro lado, para poder comprender una acción no se requiere que uno haya de tener la capacidad de producir él mismo una acción de la misma naturaleza: «no se necesita ser César para comprender a César». Una buena capacidad para «recrear» una experiencia es importante para que sea verosímil la comprensión de la acción, pero no es una condición absoluta para poder interpretar su significado. Los elementos de un acontecimiento que pueden ser comprendidos y los que no son susceptibles de ser comprendidos están frecuentemente unidos y mezclados.

3. La interpretación del significado aspira, como la ciencia en general, a alcanzar «evidencia». La evidencia en la comprensión de una acción puede ser: *a*) evidencia de carácter racional (y, dentro de ésta, lógica o matemática) o *b*) evidencia de una recreación *empática (emocional, artística).

Hay evidencia racional en el ámbito de la acción, sobre todo, cuando logramos una comprensión *racional* clara e íntegra de los motivos subjetivos de esa acción. Hay evidencia empática sobre una acción cuando logramos recrear el *conjunto de los sentimientos* en el que se vivió esa acción.

El nivel más elevado de comprensión racional, es decir, un conocimiento intelectual claro e inmediato del significado, lo tienen sobre todo las relaciones contenidas en los enunciados matemáticos o en los enunciados lógicos. Nosotros comprendemos con total claridad lo que significa lógicamente el enunciado $2 \times 2 = 4$ o el teorema de Pitágoras cuando alguien lo emplea en su pensamiento o argumentación, o cuando alguien, siguiendo los usos de nuestro pensamiento, llega «correctamente» a una conclusión lógica. Comprendemos igualmente a quien, partiendo de «datos empíricos» que consideramos «conocidos» y de determinados fines dados, deduce consecuencias claras sobre los «medios» a utilizar, atendiendo a lo que conocemos por la experiencia. La comprensión de la acción dirigida racionalmente a conseguir un fin posee el nivel máximo de evidencia –para comprender los *medios* empleados–. Con una evidencia no igual, aunque suficiente para nuestras necesidades explicativas, comprendemos también los «errores» –incluyendo aquí el «error de planteamiento del problema»–, a los que podemos acceder nosotros mismos o cuyo surgimiento puede ser (re)creado empáticamente.

No tenemos capacidad para comprender con total evidencia, por el contrario, algunos «valores» o «fines» últimos por los que se guían las acciones de una persona, como muestra la experiencia. Aunque en algunas ocasiones los podamos conocer intelectualmente, no obstante nos resultará tanto más difícil comprenderlos *recreándolos* empáticamente con la imaginación cuanto más alejados estén de nuestros propios valores últimos. Según el caso, tendremos que conformarnos con conocerlos *racionalmente* o, si fallara incluso esto, tendremos que tomarlos simplemente como unos datos e intentar comprender el desarrollo de la acción por ellos motivada con la interpretación racional que hayamos podido hacer y con la recreación empática aproximada que hayamos podido realizar. En esta situación se encuentran, por ejemplo, muchas de las acciones realizadas por virtuosos religiosos o por filántropos para quien no esté familiarizado con ellas. Es la misma situación en la que se encuentra respecto a las convicciones racionalistas («derechos humanos») quien denigre radicalmente estas pautas de conducta.

1. Concepto de sociología y de «significado» de la acción social

Los sentimientos espontáneos y las reacciones irracionales derivadas de ellos –irracionales desde el punto de vista de una acción racional que considera la acción como un medio para conseguir un resultado– los podemos recrear emocionalmente con una evidencia tanto mayor cuanto mejor conozcamos nosotros mismos esos sentimientos (el miedo, la cólera, la ambición, la envidia, la admiración, el orgullo, la sed de venganza, la veneración, la entrega, los impulsos de toda índole). Pero, en cualquier caso, aunque esos sentimientos superen nuestras propias posibilidades, podemos comprender su significado empáticamente y dar cuenta racionalmente de los efectos de esos sentimientos sobre la dirección y sobre los medios de la acción.

El análisis científico que opera con la construcción de *tipos* investiga y explica todos estos elementos irracionales del comportamiento, generados por los sentimientos y que afectan a la acción, como una «desviación» respecto al desarrollo de la acción construido según la racionalidad que considera la acción como un medio para conseguir un fin. Por ejemplo, en la explicación de un fenómeno de «pánico bursátil» se establece primero cómo se *habría* desarrollado la acción *sin* la influencia de esos sentimientos irracionales y luego se registran esos elementos irracionales como «alteraciones» de ese desarrollo. De la misma manera, en una acción política o militar se establece primeramente el esquema racional de cómo *habría* discurrido la acción si se hubiera tenido un conocimiento completo de todas las circunstancias y de las intenciones de los agentes participantes y si se hubiera realizado una elección estrictamente racional de los medios a emplear –de acuerdo con el conocimiento de la experiencia que nos parece válida–. Sólo así resulta posible imputar causalmente las desviaciones respecto a ese esquema a los elementos irracionales que las hayan generado. Por tanto, la construcción en estos casos de un tipo («tipo ideal») de acción estrictamente racional le sirve a la sociología, por la claridad racional y la evidente inteligibilidad del tipo, para comprender las acciones reales –que están influidas por elementos irracionales de toda clase (pasiones, errores)– como una «desviación» del desarrollo que cabría esperar en un comportamiento puramente racional.

En este sentido, y sólo por esta finalidad metodológica, es «racionalista» el método de la sociología «comprensiva». Pero este procedimiento no debe entenderse como un prejuicio racionalista de la sociología, sino simplemente como un instrumento metodológico. No debe interpretarse, por tanto, que yo crea en un predominio efectivo de lo racional en la vida. Ahora no vamos a decir nada sobre el tema de hasta qué punto la acción *real* está caracterizada o no está caracterizada por consideraciones racionales. (No se puede negar el peligro que existe de interpretaciones racionalistas en lugares incorrectos. Toda la experiencia confirma lamentablemente esa realidad.)

4. Todas las ciencias de la acción consideran las cosas y los hechos desprovistos de significado como ocasión o resultado de las acciones humanas o como un obstáculo o una ayuda para ellas. Algo «desprovisto de significado» no es lo mismo que «no humano» o «no vida». Cualquier artefacto, una «máquina» por ejemplo, sólo puede comprenderse e interpretarse desde el significado que la acción humana le haya dado (o quiso darle) a la producción y al uso del artefacto de entre los muchos y distintos objetivos posibles. Sin esta refe-

rencia al significado, el artefacto resulta totalmente incomprensible. Lo que se puede comprender de esa cosa es, por tanto, la relación que tenga esa cosa con la *acción* humana, como un «medio» o como un «fin» que el agente o los agentes pretendían y por el que guiaban su acción. *Sólo* con estas categorías puede tener lugar la comprensión de esos objetos. Los hechos o situaciones sin un significado –sean humanos o no humanos, con vida o sin vida– continuarán estando desprovistos de sentido en cuanto *no* se presenten en una relación de «medio» o de «fin» con la acción, siendo simplemente una ocasión o un obstáculo o una ayuda para la acción misma. La inundación de la región de Dollart a finales del siglo XIII tuvo (¡quizás!) una significación «histórica» como desencadenante de ciertos movimientos migratorios de considerable trascendencia histórica. Las muertes y el ciclo de la vida en general –desde el desamparo de los niños hasta el de los ancianos– tuvieron naturalmente una trascendencia sociológica de primera magnitud por las diferentes maneras como las acciones humanas se guiaron –y se guían– por esa situación. Otra categoría diferente de hechos no susceptibles de ser comprendidos está constituida por los principios experimentales relativos a algunos fenómenos psíquicos o psíquico-fisiológicos como la fatiga, la práctica, la memoria, etc., pero también de otros fenómenos como, por ejemplo, la euforia que se presenta en algunas formas concretas de mortificación o las típicas diferencias en las reacciones en cuanto a la rapidez, la índole o la claridad, etc., de éstas. Pero la situación es, en último término, la misma que se da con otros hechos no susceptibles de comprensión. Y el análisis científico de índole comprensiva toma estos hechos como los toma el propio agente, como «datos» con los que hay que contar.

Es muy posible que futuras investigaciones descubran regularidades en un comportamiento provisto de significado *no* susceptibles de comprensión-interpretación, aunque esto no haya ocurrido hasta ahora. La sociología tendrá que tomar como un dato, por ejemplo, las diferencias biológicas (de «razas») en la medida en que se demostrara estadísticamente de manera concluyente su influencia sobre el comportamiento sociológicamente relevante, concretamente sobre el *significado* de la acción social. Asimismo tendría que tomar como un dato hechos fisiológicos como la alimentación o los efectos de la senectud sobre la acción. El reconocimiento de la significación causal de esos hechos no modificaría evidentemente en lo más mínimo la tarea de la sociología, ni de las ciencias de la acción en general, que consiste en comprender mediante interpretación las acciones guiadas por un significado. En ese caso, lo único que ocurriría es que se introducirían algunos datos *no* interpretables dentro de un conjunto de motivos de la acción interpretables e inteligibles en algunos puntos. (Un ejemplo de estos datos *no* susceptibles de comprensión sería que se estableciera una relación entre la frecuencia con que se dan determinados objetivos de la acción, o el grado de su racionalidad, por un parte, y el color de la piel o el tamaño del cráneo o cualquier otra característica fisiológica hereditaria, por otra.)

5. Comprender el significado de una acción puede ser:

a) Comprender lo que significa la mera acción o un mero enunciado. Por ejemplo, «comprendemos» el significado del mero enunciado $2 \times 2 = 4$ que leemos o escuchamos (mera comprensión de pensamientos de índole racional), o

1. Concepto de sociología y de «significado» de la acción social

comprendemos un acceso de cólera que se manifiesta en determinadas expresiones de la cara, en determinadas exclamaciones o en determinados movimientos reactivos (mera comprensión de sentimientos de índole no racional), o comprendemos la acción de un leñador o de alguien que agarra la manivela de una puerta para abrirla o de alguien que apunta a un animal con un arma (mera comprensión de acciones de índole racional).

b) Pero también es comprender la comprensión de los motivos que explican una acción *(erklärendes Verstehen).* «Comprendemos» *por los motivos* el significado que alguien le atribuye al enunciado 2 × 2 = 4 *al hacerlo* en un momento y en un contexto determinados, si vemos que está haciendo una operación de cálculo comercial, o una demostración científica, o un cálculo técnico o cualquier otra acción, en el contexto de las cuales «se sitúa» el *significado* de este enunciado, que nosotros comprendemos; es decir, el enunciado tiene un *motivo* (un fundamento) que nosotros podemos entender (comprensión de motivos de índole racional). No sólo comprendemos el mero hecho de cortar leña o el mero hecho de apuntar con un arma, sino que comprendemos también esas acciones desde sus motivos si sabemos que el leñador está haciendo un trabajo por un sueldo o para cubrir sus propias necesidades o por entretenerse (motivos de índole racional), o «porque estaba dando rienda suelta a un impulso» (motivos de índole no racional); o si sabemos que quien dispara realiza esta acción porque está cumpliendo una orden de ejecución o de combatir al enemigo (motivos de índole racional), o por venganza (un motivo de índole reactiva, por lo tanto, un motivo no racional en ese sentido). Por último, comprendemos por los motivos un acceso de cólera si sabemos que en su base hay celos o una vanidad herida o un honor herido (una cólera generada por sentimientos, por lo tanto un motivo de índole no racional). Todos estos son *motivos* de la acción, la comprensión de los cuales la consideramos como una *explicación* del desarrollo real de la acción. En una ciencia que se ocupa del significado de las acciones, «explicar» quiere decir conocer el *motivo* por el que se hace una acción –cuyo significado como mera acción ya nos resulta comprensible– de acuerdo con el significado subjetivo que le atribuye quien realiza esa acción. (Sobre la significación causal de esta «explicación», véase más abajo el apartado 6.) En todos estos casos, incluyendo en ellos también los actos de índole emocional-reactiva, llamo significado «pensado» por el sujeto al significado subjetivo de la acción, al motivo, saliéndome, por tanto, del uso habitual del lenguaje, pues habitualmente sólo se dice que un sujeto «piensa» *(meinen)* cuando se trata de acciones de índole racional e intencionalmente dirigidas a un fin.

6. En todos estos casos, «comprender» es:

a) Interpretar el significado, o el motivo, *pensado* realmente por el sujeto en un caso concreto (análisis histórico),

b) interpretar el significado, o el motivo, *pensado* por los sujetos por termino medio o aproximadamente (análisis sociológico de fenómenos masivos),

c) interpretar el significado, o el motivo («típico»), del tipo *puro* (tipo ideal) de un fenómeno frecuente construido científicamente. Tipos ideales construidos son, por ejemplo, los conceptos y las «leyes» de la teoría económica pura. Estos conceptos y leyes representan cómo *se desarrollaría* una determinada acción humana *si* fuera estrictamente ra-

1. Concepto de sociología y de «significado» de la acción social

cional, sin que estuviera afectada por error o sentimiento alguno, y *si* además sólo se guiara por un *solo* fin (el económico). Pero las acciones reales sólo rara vez se dan como en el tipo ideal –en la Bolsa–, y en este caso incluso sólo de manera aproximada. (Sobre la finalidad de estas construcciones, véase *Archiv für Sozialwiss[enschaft und Sozialpolitik]*. XIX, págs. 64 y ss.)

La interpretación aspira ciertamente a alcanzar la evidencia. Pero incluso una interpretación racional evidente no puede pretender, por este carácter evidente, ser también la interpretación causal válida; en sí misma sólo es una *hipótesis* particularmente evidente sobre la causa de una acción.

a) A menudo los «motivos» explicitados y los motivos no reconocidos –las «represiones»– le ocultan al propio agente el contexto real de su acción de modo que incluso las declaraciones sobre uno mismo que sean sinceras desde un punto de vista subjetivo tienen solamente un valor relativo. En este caso, la sociología se encuentra ante la tarea de investigar e interpretar ese significado «pensado» en concreto por el sujeto, *aunque* ese significado no le fuera *consciente* o no le fuera totalmente consciente. Éste constituye un caso límite de la interpretación del significado.

b) Aspectos externos de una acción, que a nosotros nos parecen «iguales» o «parecidos», pueden deberse a motivos muy diferentes para el agente o agentes. E incluso situaciones que consideramos «iguales» tenemos que «interpretarlas» o «comprenderlas» como muy diferentes, o incluso con un significado muy opuesto. (Ejemplos en Simmel, *Proble. [me] der Geschichtsphil[osophie].)*

c) En determinadas situaciones, los agentes están expuestos frecuentemente a impulsos opuestos y rivales entre sí, que nosotros somos capaces de «interpretar» en conjunto. Pero, como muestra la experiencia, no podemos apreciar qué *fuerza* tiene realmente en la acción cada uno de estos impulsos concurrentes en esa «lucha de motivos», que a nosotros nos parecen que tienen una relación *igual* con el significado de la acción. Es seguro que no podremos apreciar esa fuerza adecuadamente y en muchísimos casos ni siquiera de modo aproximado. La información al respecto sólo nos la dará el resultado real de esta «lucha de motivos». Es imprescindible, por tanto, como en cualquier hipótesis, controlar la interpretación del significado por el resultado, es decir, por el desarrollo real de la acción. Lamentablemente este control sólo puede alcanzarse con relativa precisión en muy pocos casos de la experimentación psicológica. En un número reducido de fenómenos de masas, cuantificables y con una imputación clara, se puede lograr un control mediante la estadística, pero con distintos niveles de aproximación. En el resto de los casos, sólo será posible hacer una comparación entre el mayor número posible de acontecimientos de la vida histórica o de la vida cotidiana, que, aun siendo iguales, sean sin embargo distintos en *el* punto decisivo desde el punto de vista de su significación práctica: en el «motivo» o «causa». Ésta es una importante tarea para la sociología comparada. Con frecuencia sólo quedará lamentablemente el medio inseguro del «experimento mental», es decir, que el *pensamiento* prolongue determinados elementos de la cadena de motivos construyendo así su desarrollo probable para poder llegar a una imputación causal de la acción.

La llamada «ley de Gresham», por ejemplo, es una interpretación racional evidente de una acción humana bajo ciertas condiciones dadas y bajo la hipótesis del tipo ideal de

1. Concepto de sociología y de «significado» de la acción social

acción racional instrumental. Hasta qué punto se opera *realmente* de acuerdo con esa ley sólo lo puede mostrar el conocimiento experimental sobre la desaparición real de la circulación de las monedas de menor valor de un sistema monetario (experiencia que ha de expresarse en principio de manera «estadística»): y la experiencia muestra realmente su amplia validez. En realidad, el proceso de conocimiento fue el siguiente: *primero* se dispuso de la constatación experimental y luego se formuló la interpretación. Sin la formulación de la interpretación, habría quedado claramente insatisfecha nuestra necesidad de encontrar la causa. Por otra parte, una «ley» tan evidente en sí misma sería una construcción sin ningún valor para el conocimiento de la acción real, si no se demostrara que el desarrollo del comportamiento realizado mentalmente ocurriría en la realidad en alguna medida. En el ejemplo de la ley de Gresham, la concordancia entre la «coherencia lógica» (**Sinnadäquanz*) y la demostración de la experiencia es concluyente y se da un número suficiente de casos para considerar la prueba suficientemente garantizada. La hipótesis de Ed. Meyer sobre la significación causal de las batallas de Maratón, de Salamina y de Platea para el desarrollo de la cultura helénica, y, por consiguiente, de la cultura occidental, es una hipótesis ingeniosa, una hipótesis que deduce su significado apoyándose en acontecimientos de índole sintomática, como el comportamiento de los profetas y de los oráculos helénicos sobre los persas. Es una hipótesis que sólo se puede corroborar con pruebas sobre el comportamiento de los persas en las ocasiones en que éstos obtuvieron la victoria (Jerusalén, Egipto, Asia Menor) y que necesariamente ha de quedar incompleta desde muchos puntos de vista. Aquí hay que apoyarse necesariamente en una hipótesis que posea una evidencia racional significativa. Pero en muchos casos de imputación histórica de apariencia evidente se carece incluso de la posibilidad de una prueba semejante, como sí era posible en ese caso. Entonces la imputación se queda definitivamente en una «hipótesis».

7. «Motivo»: es el conjunto de elementos que se le presenta al observador o al propio agente como el «fundamento» que da el significado al comportamiento. Decimos que un comportamiento que se realiza coherentemente tiene «coherencia lógica» en la medida en que, de acuerdo con los usos promedio de nuestro pensamiento y de nuestros sentimientos, podamos afirmar que la relación existente entre los distintos elementos del comportamiento constituye un motivo típico (solemos decir que es un motivo «lógico» o «correcto»). Decimos, por el contrario, que una sucesión de fenómenos tiene *«correspondencia causal» en la medida en que –de acuerdo con las reglas de la *experiencia*– existe la probabilidad de que esa sucesión se dé siempre en la realidad de la misma manera. Tiene «coherencia lógica», por ejemplo, en el sentido que le damos aquí a esta expresión, la solución *correcta* de una operación aritmética que ha sido realizada según las *normas* del cálculo o del pensamiento usuales para nosotros. Se corresponde *desde el punto de vista causal* –en los fenómenos estadísticos– la probabilidad de que, de acuerdo con las reglas de la experiencia demostradas, se produzca la solución «correcta» o la solución «falsa», o un «error de cálculo» típico o un «error de planteamiento del problema» típico –viéndolo desde las normas de nuestro pensamiento usuales hoy–. La explicación causal significa, por tanto, poder establecer que a un determinado hecho ob-

servado le seguirá otro hecho o que este otro hecho se producirá conjuntamente con aquél según una *regla* de probabilidad calculable en alguna medida, probabilidad que puede establecerse numéricamente en el –raro– caso ideal.

La *interpretación* causal *correcta* de una acción concreta significa que se han captado *acertadamente* el motivo y el desarrollo real de la acción y que se ha *comprendido,* al mismo tiempo, su significado por la relación existente entre el motivo y el desarrollo de la acción. La interpretación causal correcta de una acción *típica,* es decir, de una acción-tipo susceptible de ser comprendida, significa que el fenómeno conceptualizado como tipo tiene (en algún grado) «coherencia lógica» y que puede comprobarse que además tiene (en algún grado) «correspondencia causal». Si no hubiera «coherencia lógica», estaríamos simplemente ante una probabilidad *estadística no susceptible de comprensión* (o sólo comprensible de manera imperfecta), incluso aunque esta probabilidad estadística contara con una regularidad máxima y con una probabilidad precisa de la realización de la acción –tanto de su realización material como de su realización psíquica–. Pero, por otra parte, para el conocimiento sociológico, incluso la coherencia lógica más evidente sólo puede ser una afirmación *causal* correcta en la medida en que se aporte la prueba de que existe una determinada *probabilidad* (de alguna manera calculable) de que la acción *suele adoptar en la realidad* –por término medio o en el caso «ideal»– un desarrollo lógicamente coherente con una frecuencia determinada o de modo aproximado. Sólo estas regularidades estadísticas que se corresponden con el significado subjetivo de una acción social, susceptible por tanto de ser *comprendido,* son tipos de acción susceptibles de ser comprendidos, en el sentido que damos aquí a esta palabra; es decir, sólo esas regularidades constituyen «regularidades sociológicas». Sólo estas construcciones racionales de acciones con un significado susceptible de ser comprendido constituyen los tipos sociológicos de los hechos reales, tipos que, al menos de forma aproximada, se pueden observar en la realidad. No estamos diciendo ni mucho menos que, *siempre* que se descubra una «coherencia lógica», aumente la probabilidad real de que se desarrolle con frecuencia. Estamos diciendo que sólo la experiencia real podrá mostrar si esto se ha producido. Existen *estadísticas* sobre acontecimientos *desprovistos* de significado (estadísticas de defunciones, estadísticas sobre la fatiga, sobre el rendimiento de las máquinas, sobre las lluvias) como existen estadísticas sobre acontecimientos dotados de sentido. Pero sólo las que versan sobre estos últimos son estadísticas *sociológicas* (sobre la criminalidad, sobre las profesiones, sobre los precios, sobre los cultivos). Son frecuentes, por supuesto, los casos que contienen *ambos* tipos de acontecimientos; por ejemplo, la estadística sobre las cosechas.

8. Los hechos y las regularidades que no pueden ser considerados «hechos sociológicos» por no ser susceptibles de ser comprendidos, en el sentido en el que empleamos nosotros este término, no son por ello menos *importantes,* ni siquiera para la sociología en el sentido en que la entendemos nosotros (que nos restringimos a la «sociología *comprensiva»,* restricción que no puede ni debe imponerse a nadie). Esos hechos y regularidades caen en un ámbito distinto del de las acciones susceptibles de ser comprendidas precisamente por exigencias del método: caen en el ámbito de las «condiciones», de los «motivos», de los «obstáculos» o de las «ayudas» de estas acciones.

9. La acción, como comportamiento guiado por un significado susceptible de ser comprendido racionalmente, sólo existe, para nosotros, como comportamiento de una persona individual o de varias personas *individuales*.

Para otros objetivos cognoscitivos puede ser necesario o útil concebir al individuo particular, por ejemplo, como un conjunto de «células» o como un complejo de reacciones bioquímicas o concebir su vida «psíquica» como constituida por elementos individuales (con independencia de las características de éstos). Se consiguen así, sin duda, valiosos conocimientos (leyes de causalidad). Lo que ocurre es que no *comprendemos* el comportamiento de estos elementos expresados en reglas. Tampoco *comprendemos* cuando se trata de elementos psíquicos, y mucho *menos* si éstos son pensados en los términos de exactitud de las ciencias naturales. Éste no es nunca el camino para llegar a una interpretación cuando partimos del *significado* de la acción para el sujeto. El objeto de estudio de la historia y el de la sociología, tal como la entendemos aquí, es precisamente el *motivo (Sinnzusammenhang)* de la acción. Nosotros podemos intentar observar el comportamiento de elementos fisiológicos, como las células, o de elementos psíquicos, y podemos intentar sacar conclusiones a partir de nuestras observaciones y obtener regularidades («leyes») sobre ese comportamiento y «explicar» con ellas la causa de fenómenos concretos, es decir, poniendo los fenómenos concretos bajo esas regularidades. No obstante, la interpretación de la acción sólo toma noticia de estos hechos y reglas como de cualesquiera otros (por ejemplo, de hechos físicos, astronómicos, geológicos, meteorológicos, geográficos, botánicos, zoológicos, fisiológicos, anatómicos, o de hechos psicopatológicos desprovistos de intencionalidad o de condiciones científicas o técnicas).

Para otras finalidades cognoscitivas distintas (por ejemplo, de índole jurídica) o para una finalidad práctica puede resultar apropiado e inevitable tratar las instituciones sociales (el «Estado», las «cooperativas», la «sociedad anónima», las «fundaciones») como individualidades concretas, por ejemplo, como sujetos de derechos y obligaciones o como autores de acciones *jurídicamente* relevantes. Sin embargo, para la interpretación comprensiva de la acción que hace la sociología, todas estas instituciones son simplemente procesos y relaciones de acciones específicas de personas *individuales,* pues sólo éstas son, para nosotros, los sujetos de acciones provistas de un significado. A pesar de ello, la sociología no puede *ignorar* dentro de sus propios objetivos esos conceptos colectivos que utilizan las otras perspectivas, pues la interpretación de la acción mantiene una triple relación con esos conceptos colectivos:

a) En primer lugar, la interpretación misma está obligada a menudo a trabajar con conceptos colectivos muy similares (a veces de la misma especie) con el fin de poder tener una *terminología* inteligible. Tanto el lenguaje jurídico como el lenguaje común caracterizan, por ejemplo, al «Estado» como un *concepto* jurídico y como una acción social real *sobre la que* pretenden tener validez las normas jurídicas. Para la sociología, el «Estado» no consta necesaria ni sola ni precisamente de elementos *jurídicamente* relevantes. Y en todo caso, el Estado no es para la sociología una persona colectiva «actuante». Cuando la sociología habla de «Estado» o de «nación» o de «sociedad anónima» o de «familia» o de «cuerpo de ejército» o de otras «instituciones» *sólo* se refiere con esos

1. Concepto de sociología y de «significado» de la acción social

conceptos a la realización de una acción social por varios individuos, o a una acción social construida como una acción posible. La sociología, por tanto, les atribuye un sentido totalmente diferente del que tienen los conceptos jurídicos que ella misma utiliza por estar ya acuñados y por su precisión.

b) En segundo lugar, la interpretación de la acción tiene que tomar nota del hecho fundamental de que esos conceptos colectivos del pensamiento cotidiano o del pensamiento jurídico (o de cualquier otra especialidad) son *ideas* de algo que existe en las mentes de los hombres y por las que los hombres guían sus acciones –algo de índole normativa y de índole empírica a la vez, que existe en la mente de los jueces, de los funcionarios, pero también en la del «público»–. Tiene que tomar nota también del hecho de que esas ideas tienen como tales una gran significación causal en la realización de las acciones de las personas reales, significación causal que a menudo es predominante. Tiene especialmente esa significación causal la idea del *deber*-ser y la del **no**-deber-ser. La idea del «Estado» moderno como un conjunto de determinadas acciones colectivas de las personas existe en gran medida *porque* determinadas personas guían sus acciones por la *idea* de que el Estado existe o *tiene que* existir, es decir, por la idea de que los ordenamientos de naturaleza jurídica *tienen validez*. (Sobre esto hablaremos más tarde.) Aunque la sociología eliminara de su terminología estos conceptos del lenguaje usual, que son utilizados *no sólo* en las normas jurídicas sino también para los acontecimientos reales (véase la letra *a* anterior), y los sustituyera por otros de nueva construcción –si bien esta tarea sería muy pedante y prolija–, habría que excluir de este proceso, sin embargo, a este importante fenómeno del Estado.

c) El método de la llamada sociología «orgánica», cuyo tipo clásico es el ingenioso libro de Schäffle *Bau und Leben des sozialen Körpers,* pretende explicar la acción social colectiva partiendo de un «todo» (la «economía», por ejemplo). El individuo y su comportamiento son interpretados dentro de ese «todo» de manera similar a como la fisiología trata el lugar de un «órgano» corporal en la «economía» del organismo, es decir, desde el punto de vista de la «conservación» del organismo. (Véase el famoso dicho de un fisiólogo: «& X: el bazo. Del bazo, señores míos, no sabemos nada. ¡Hasta aquí todo lo del bazo!». En realidad, el fisiólogo en cuestión «sabía» naturalmente bastante sobre el bazo: su posición, su tamaño, su forma, etc. Lo único que no podía indicar era su «función», y a esta incapacidad la llamaba «no saber».) No vamos a comentar aquí si este tratamiento *funcional* de las «partes» de un «todo» es (necesariamente) definitivo en otras disciplinas. Es sabido que la bioquímica y la biomecánica no quisieran conformarse con eso. Para una sociología interpretativa, este tratamiento funcional puede servir para dos cosas. En primer lugar, para una ilustración práctica y como una guía provisional. Para esto puede ser muy útil y necesario, pero naturalmente puede ser también muy perjudicial si se exagera su falso realismo conceptual y su valor cognoscitivo. En segundo lugar, sólo este funcionalismo podrá ayudarnos en algunos casos a encontrar la acción social, que será *importante* interpretar para explicar el contexto. Pero en este punto es cuando *comienza* el trabajo de la sociología tal como la entendemos nosotros aquí. Con las «instituciones sociales» estamos en situación de lograr –a diferencia de lo que logramos con los «organismos»– algo que va *más allá* de la mera constatación de relaciones y de regularidades («leyes») funcionales, algo totalmente inaccesible para las «ciencias naturales», entendiendo éstas en el sentido de establecer leyes de causalidad para los hechos y las formas y de «explicar» los hechos individuales a partir de esas leyes. Ese algo más es precisamente la «comprensión» del comportamiento de los *individuos* participantes, pues nosotros *no* «comprendemos» el comportamiento de las células, por ejemplo, sino que solamente podemos conocer y establecer su función según las *leyes* que sigue su desarrollo. Esta mayor aportación de la explicación mediante interpretación respecto a la explicación mediante observación paga, por supuesto, el precio del carácter fragmentario e hipotético de los resultados que se pueden conseguir mediante la interpretación. Pero esta última es, no obstante, lo específico del conocimiento sociológico.

No vamos a comentar aquí hasta qué punto podemos «comprender» o no podemos comprender el significado del comportamiento de los animales. Ambas posibilidades son muy inciertas y muy problemáticas. Tampoco vamos a tratar aquí hasta qué punto podría haber teóricamente una sociología de las relaciones del hombre con los animales, con los domésticos y con los salvajes (muchos animales «comprenden» órdenes, la cólera, el amor y las intenciones agresivas, y reaccionan ante ellas de muchas maneras, no exclusivamente de modo instintivo-mecánico, sino también conscientemente y guiándose por la experiencia). No tenemos mayor capacidad empática en relación con el comportamiento de los «hombres primitivos», pero nosotros no tenemos ningún medio *seguro* para constatar la situación subjetiva de los animales o tenemos unos medios muy insuficientes. Como es sabido, los problemas de la psicología animal son interesantes, pero espinosos. Como es también sabido, existen sociedades animales de los tipos más diversos: «familias» monógamas y polígamas, rebaños, manadas y, por último, «Estados» con división de funciones. (El grado de diferenciación funcional de estas sociedades animales no discurre paralelo al grado de la diferenciación evolutiva orgánica y morfológica de las respectivas especies animales. Así, por ejemplo, la diferenciación funcional es mucho mayor en las termitas que en las abejas o en las hormigas, y por consiguiente sus artefactos también lo son.) En este campo lo definitivo es evidentemente, al menos por hoy, el análisis puramente funcional, es decir, la investigación de las funciones decisivas que realizan los tipos concretos de individuos –«reyes», «reinas», «obreros», «soldados», «zánganos», «reproductores», «reinas sustitutas», etc.– para su supervivencia, es decir, la alimentación, la defensa, la reproducción, la creación de nuevas sociedades animales. La investigación tiene que conformarse con la comprobación de estas funciones. Todo lo que ha ido más lejos han sido durante mucho tiempo meras especulaciones o investigaciones sobre el grado en que el desarrollo de estas predisposiciones «sociales» se debía a la herencia o al medio ambiente. (Por ejemplo, las controversias entre Götte y Weismann, cuyo *Allmacht der Naturzüchtung* opera con deducciones no completamente empíricas.) Pero la investigación seria comparte la misma opinión sobre el hecho de que esa reducción al conocimiento funcional es una *resignación* forzosa, aunque se espera que sea pasajera. (Véase, por ejemplo, el escrito de K. Escherich, de 1909, en torno a la situación de la investigación sobre las termitas.)

Quisiéramos, efectivamente, que se nos expusiera no sólo la «importancia de la conservación» de las funciones de esos diferentes tipos concretos, que es bastante fácil de captar, y cómo se puede explicar esa diferenciación sin la hipótesis de la herencia de los caracteres adquiridos o aceptando esta hipótesis, y en este último caso, con qué tipo de interpretación sobre esta hipótesis, sino que nos gustaría saber dos cosas más:

1) Qué es lo que *decide* la diferenciación partiendo de un individuo inicial no diferenciado, neutral, y

2) qué *motiva* al individuo diferenciado a comportarse (por término medio) de una manera que contribuya realmente a la supervivencia del grupo diferenciado.

Siempre que el trabajo ha avanzado en este punto ha sido gracias a la demostración experimental, o a la suposición, de que existen estímulos químicos o hechos fisiológicos en los individuos *concretos* (como la alimentación, la castración parasitaria, etc.). Los mismos especialistas no podrían decir actualmente hasta qué punto existe una problemática esperanza de hacer verosímil por vía experimental que los animales se guían «psicológicamente» o «por significados». Una imagen controlable de la psique de estos animales sociales sobre la base de la «comprensión» del significado de su comportamiento sólo parece alcanzable, incluso como un objetivo ideal, dentro de límites muy estrechos. En todo caso, no cabe esperar que saliera de ahí una «comprensión» de la acción social humana, sino más bien al revés. En ese campo se trabaja, y tiene que trabajarse, con analogías humanas. Lo que sí cabe esperar es que estas analogías sean útiles para plantear la cuestión de cómo hay que valorar, en los estados primitivos de la diferenciación social humana, el ámbito de la diferenciación instintivo-mecánica en relación con el ámbito de lo comprensible racionalmente y en relación también con las realizaciones racionales *conscientes*. La sociología comprensiva tendrá evidentemente que tener claro que los primeros tiempos de los seres humanos se caracterizan por lo instintivo-mecánico y que, en los estadios posteriores de la evolución, sigue estando presente su permanente, y muy decisiva, influencia. Toda la acción «tradicional» y amplios aspectos del «carisma» como germen de la «infección» psíquica y como portador, por tanto, de «estímulos evolutivos» sociológicos están muy próximos, con gradaciones imperceptibles, a estos procesos biológicos que sólo se pueden entender desde el punto de vista biológico, y que ni se pueden explicar desde el punto de vista de la motivación ni se pueden interpretar desde el punto de vista de su significado, o que, en este último caso, sólo se pueden interpretar de manera fragmentaria. Todo esto no exime a la sociología comprensiva de su tarea de aportar lo que sólo ella *puede* aportar, siendo conscientes de los estrechos límites en los que se encuentra.

Los distintos trabajos de Othmar Spann –que contienen buenas ideas junto a algunos errores y que tienen, sobre todo, argumentos que, por no estar basados en investigaciones empíricas, forman parte de puros juicios de valor– tienen, sin duda, razón en acentuar la significación *previa* que tiene esta cuestión funcional para cualquier sociología, algo que nadie ha puesto seriamente en duda (él le llama a esta cuestión «método universalista»). Es cierto que primero tenemos que saber qué acción es funcionalmente *importante* para la «supervivencia» (pero también, y sobre todo, ¡para la especificidad de una cultura!) y para la formación de una acción social tipo antes de poder plantear la pregunta de cómo llega esa acción a realizarse y qué motivos la ge-

1. Concepto de sociología y de «significado» de la acción social

neran. Hay que saber antes qué *hace* un «rey», un «funcionario», un «empresario», un «proxeneta», un «mago», es decir, hay que saber primero qué «acción» tipo es *importante* y se toma en consideración para el análisis (pues esta acción es realmente la que le marca a cada uno de ellos como un tipo) antes de poder ir a ese análisis (la *Wertbezogenheit*, en el sentido de Rickert). Pero, por su parte, sólo el análisis aporta lo que la comprensión sociológica de la acción de los distintos tipos de personas individuales (y *sólo* de estos tipos) puede y *debe* aportar. En todo caso, hay que eliminar tanto el enorme equívoco de que un *método* «individualista» signifique una *valoración* individualista (en *cualquiera* de sus sentidos posibles) como la opinión de que el carácter inevitablemente racionalista (relativamente) de la construcción racional de los *conceptos* signifique una creencia en el *predominio* de los motivos racionales o incluso una *valoración* positiva del «racionalismo». También una economía socialista tendría que ser *comprendida* sociológicamente de una manera tan «individualista» –es decir, desde las *acciones* de los *individuos* (de los «funcionarios» tipo que aparecen en ella)– como las operaciones de cambio por parte de la teoría marginalista, o de algún otro método «mejor» que se pudiera encontrar, pero que en *este* punto sería similar. Pues el trabajo empírico decisivo siempre empieza con la pregunta de qué motivos *han hecho* y *hacen* que los funcionarios concretos y los miembros de esta «comunidad» se comportaran de modo que *surgiera* esa economía y *continúe existiendo*. La construcción de conceptos funcionales (partiendo de un «todo») sólo aporta un trabajo *previo*, cuya utilidad y necesidad son naturalmente indiscutibles, si está hecha correctamente.

10. Las «leyes», como se suele llamar a algunos principios de la sociología comprensiva –como, por ejemplo, la ley de Gresham–, son probabilidades típicas, verificadas mediante la observación, de que una acción se desarrolle de la manera *que cabe esperar* si se dan determinados hechos. Esas probabilidades *pueden ser comprendidas* por los motivos-tipo y por el significado-tipo *pensado* por los sujetos en sus acciones. El grado más elevado de comprensión y evidencia se da cuando la probabilidad se refiere a acciones con un desarrollo típico observado, en la base de las cuales existan motivos de índole racional-instrumental (o que hayan sido puestos por conveniencia en la base de un tipo de acción construido metodológicamente), y cuando en ese caso la relación entre los medios y el fin es evidente siguiendo principios empíricos. Es el caso de los medios que resultan «inevitables» para poder lograr un fin concreto. En este caso se puede afirmar que *si* se *actuara* con estricta racionalidad, *tendría* que actuarse *de esa manera y no de otra,* porque los afectados sólo disponen, por motivos «técnicos», de estos medios y de ningún otro para un fin claramente determinado.

Este caso muestra precisamente, al mismo tiempo, que es un error considerar que la psicología sea *el* «fundamento» último de la sociología comprensiva. Por «psicología» entiende hoy cada uno una cosa distinta. Algunos objetivos metodológicos muy concretos justifican que se establezca una separación entre lo «físico» y lo «psíquico» para un tratamiento científico-natural de ciertos procesos, separación que en *este* sentido, sin embargo, es ajena a las disciplinas de la acción. Por supuesto que para la sociología pueden tener significación, en algún caso concreto, los resultados de una ciencia psicológica que, con independencia de su método, investigue lo «psíquico» *solamente* con el método de las ciencias naturales y que, por tanto, *no* interprete el comportamiento humano desde el significado *pensado* por el sujeto –que es algo muy distinto–, de la misma manera que para la sociología pueden tener significación igualmente los resultados de cualquier otra ciencia, que a menudo la tienen y en una gran medida. Pero la sociología *no* tiene una relación más estrecha con la psicología que con las otras disciplinas. El error proviene del concepto de lo «psíquico», de que «psíquico» es lo que no es «físico». Pero el *significado* de un problema aritmético en el que alguien esté pensando no es realmente «psíquico». Consideraciones de índole «psicológica» ni nos hacen más comprensible en lo más mínimo la reflexión racional de una persona sobre si una acción determinada favorece o no favorece determinados intereses atendiendo a las consecuencias que cabe esperar ni tampoco la decisión que esa persona adopte tomando en cuenta las consecuencias. Y, sin embargo, es sobre estos supuestos racionales como construye la sociología –y la economía política– la mayoría de sus «leyes». No obstante, en la explicación sociológica de las *irracionalidades* de la acción, la psicología *comprensiva* puede aportar indudablemente una ayuda muy importante. Pero esto no altera nada el método.

11. La sociología, como hemos dicho varias veces, construye conceptos-*tipo* y busca regularidades *generales* de lo acontecido, a diferencia de la historia, que aspira a un análisis y a una imputación causal de acciones y personalidades *individuales,* relevantes para la *cultura*. La construcción de los conceptos sociológicos toma su *material* paradigmático, so-

bre todo, aunque no de manera exclusiva, de acciones también relevantes desde el punto de vista de la historia. La sociología construye sus conceptos y busca sus regularidades *también* desde este punto de vista, es decir, de si pueden contribuir a establecer la imputación causal de los fenómenos importantes para la cultura. Al igual que ocurre en cualquier ciencia generalizadora, la peculiaridad de sus abstracciones determina que sus conceptos tengan que ser relativamente *vacíos* respecto a la realidad concreta. Lo que en cambio pueden ofrecer es una *claridad* acentuada de sus conceptos. Esta claridad acentuada se logra con la máxima «coherencia lógica» posible, tal como pretende hacer la construcción de los conceptos sociológicos. Esta «coherencia lógica» se puede lograr completamente en los conceptos y en las reglas *racionales* (de racionalidad instrumental o de *Wertrationalität*). Pero la sociología también pretende conocer con conceptos teóricos provistos de «correspondencia en su significado» fenómenos irracionales (místicos, proféticos, espirituales, reactivos). En *todos* los casos, en los racionales y en los irracionales, la sociología *se aleja* de la realidad y contribuye al conocimiento de esta última clasificando los fenómenos históricos mediante la indicación de la *proximidad* de éstos a alguno o a varios de aquellos conceptos teóricos. El mismo fenómeno histórico puede caracterizarse, por ejemplo, como «feudal» en algunos de sus elementos, «patrimonial» en otros, «burocrático» en otros y «carismático» en otros elementos distintos. Para que con estas palabras se piense algo *unívoco,* la sociología debe concebir tipos «puros» («ideales») de estructuras mentales que contengan una «coherencia lógica» lo más completa posible, precisamente porque no se dan en la realidad en esta forma *pura,* como tampoco se da en la realidad una reacción física calculada bajo la hipótesis de un espacio absolutamente vacío. La casuística sociológica sólo es posible desde el tipo *puro* («ideal»). Se entiende claramente que la sociología utiliza además, en algunas ocasiones, tipos *promedio* como los tipos estadísticos-empíricos, una forma esta que no necesita ninguna explicación metodológica. Pero cuando la sociología habla de «tipos» se refiere siempre al tipo *ideal,* que, por su parte, *puede* ser racional o irracional, que casi siempre es racional (en la teoría económica, siempre), pero que siempre se construye con una «coherencia lógica».

Hay que tener claro que, en el terreno sociológico, *sólo* se pueden establecer «promedios» o «tipos promedio» con una cierta claridad cuando haya sólo diferencias de *grado* entre comportamientos dotados de un significado cualitativamente *igual.* Pero, en la mayoría de los casos, las acciones relevantes desde el punto de vista sociológico o histórico están afectadas por motivos cualitativamente *heterogéneos,* entre los que no se puede sacar un «promedio» en sentido propio. Estas construcciones de las acciones sociales como tipos ideales que hace, por ejemplo, la teoría económica son en ese sentido «ajenas a la realidad», pues siempre preguntan cómo *se actuaría* en el caso ideal de una racionalidad puramente económica, para poder comprender, en primer lugar, *hasta qué punto* la racionalidad económica ha intervenido en la acción real del caso concreto –en la que intervienen *al mismo tiempo* cuando menos consideraciones y objetivos no económicos, errores, sentimientos o rémoras tradicionales– o hasta qué punto suele intervenir la racionalidad económica, si estamos hablando de promedios. Y, en segundo lugar, para facilitar el conocimiento de los motivos *reales* de la acción precisamente mediante la comprobación de la *distancia* existente entre el desarrollo real de la acción y el expresado en el tipo ideal. De una manera similar *tendría que proceder,* por ejemplo, la construcción de un tipo ideal relativo a una mentalidad coherente, de índole mística y «extramundana» ante el mundo, ante la economía y la política, por ejemplo. Con cuanta mayor precisión y claridad estén construidos los tipos ideales, es decir, cuanto más *ajenos* sean a la realidad en ese sentido, mejor cumplirán su misión desde una perspectiva terminológica, clasificatoria y heurística. La investigación histórica no procede de manera diferente cuando hace la imputación causal de los acontecimientos individuales. Para explicar, por ejemplo, el desarrollo de la campaña militar de 1866, investiga esa imputación causal (que es lo que *tiene* que hacer realmente el trabajo histórico), en primer lugar, en la mente de Moltke y de Benedek preguntándose qué *habría dispuesto* cada uno de ellos racionalmente, si hubieran tenido un conocimiento total de la situación propia y de la del enemigo. Luego lo compara con lo que realmente dispusieron y *explica* entonces la causa de la distancia observada entre los dos niveles: si esa distancia se debió a informaciones falsas o a errores de hecho, o a fallos de lógica, o a cuestiones de temperamento personal o a otras consideraciones de carácter no estratégico. En este ejemplo se construye (de manera tácita) un tipo ideal de índole racional-instrumental.

Pero los conceptos constructivos de la sociología tienen este carácter de tipos ideales no sólo hacia fuera sino también internamente. Las acciones *reales* discurren en la gran mayoría de los casos sin que se tenga conciencia de su «significado *pensado*» o en una vaga semiconsciencia del mismo. El agente «siente» ese significado de una manera más imprecisa que si lo supiera o lo «tuviera claro»; en la mayoría de los casos actúa por impulsos o por costumbre. El significado de la acción sólo en algunas ocasiones se hace consciente como un significado racional o como un significado irracional, y, cuando se trata de acciones iguales realizadas por una masa de personas, sólo se hace consciente en algunos individuos. En realidad, una acción con un significado claro y plenamente consciente es siempre un caso límite. Este hecho tienen que tomarlo en consideración la sociología y la historia en sus análisis de la *realidad*. Pero esto no debe impedir que la sociología construya sus *conceptos* clasificando el «significado *pensado*» posible, es decir, haciendo como si las acciones se desarrollaran realmente guiadas por un significado consciente. Al analizar la realidad concreta, siempre tendrá que tomar en consideración la distancia respecto a la realidad y comprobar la dimensión e índole de esa distancia.

Desde el punto de vista metodológico precisamente sólo cabe optar entre conceptos imprecisos o conceptos claros, pero irreales y con el carácter de «tipos ideales». Y ante esta situación, científicamente hay que preferir estos últimos. (Véase sobre todo esto: *Arch[iv] f.[ür] Sozialwiss.[enschaft] und Sozialpolitik]* XIX; cfr. p. 90.)

B) Concepto de acción social

1. La acción social, incluyendo en ella la omisión y el dejar que se haga, puede guiarse por el comportamiento pasado, presente o esperable en el futuro de los otros (como la ven-

ganza por ataques anteriores, la defensa frente a un ataque presente o las reglas para defenderse de futuros ataques). Los «otros» pueden ser personas individuales y conocidas o un número indeterminado y desconocido (el «dinero», por ejemplo, significa un bien de cambio, que el agente acepta en el intercambio porque guía esta acción en la esperanza de que otros muchos, indeterminados y desconocidos, van a estar dispuestos, por su parte, a aceptarlo a cambio de algo).

2. No es acción «social», en el sentido que le damos aquí, cualquier acción, ni siquiera cualquier acción externa. No lo es una acción externa si solamente se guiara por las expectativas del comportamiento de las cosas materiales. Un comportamiento interior sólo es acción social cuando va guiado por el comportamiento de otros; no es acción social, por ejemplo, el comportamiento religioso cuando se queda en la contemplación, en la oración solitaria, etc. La actividad económica de un individuo sólo es acción social cuando toma en consideración el comportamiento de terceros. Dicho de una manera formal y general, es acción social cuando refleja que toma en consideración el poder de disposición de terceros sobre los bienes económicos. En un sentido material, por ejemplo, y tratándose del consumo, cuando toma en consideración las necesidades futuras de terceros y guía por ellas su propio modo de «ahorro»; o cuando, tratándose de la producción, convierte a las necesidades de terceros en el fundamento por el que guiarse, etc.

3. No todo tipo de contacto entre los hombres tiene carácter social, sino solamente cuando el comportamiento de uno adquiere su significado al guiarse por el comportamiento de

otros. Por ejemplo, una colisión entre dos ciclistas es un mero acontecimiento, como un acontecimiento natural. Pero sería acción social, sin embargo, su intento por esquivar al otro o la pelea o discusión o las explicaciones pacíficas que siguieran al encontronazo.

4. La acción social no es: *a*) una acción *igual* que realicen varios, ni *b*) cualquier acción *influida* por el comportamiento de los otros.

a) Si en una calle, al comenzar a llover, una cantidad de personas abren el paraguas al mismo tiempo, estas acciones no se guían (normalmente) por el comportamiento de los otros, sino que estas acciones de todos se guían por igual por la necesidad de protegerse del agua.

b) Es sabido que la acción de los individuos resulta influida por el mero hecho de encontrarse dentro de una «masa» en un espacio apretado (esto es objeto de investigación de la «psicología de las masas», por ejemplo, en los trabajos de *Le Bon:* se trata de acciones *generadas* por la masa). Ocurre también que masas dispersas pueden ejercer una influencia sobre el comportamiento de los individuos a través de un comportamiento de muchos que afecte a un individuo simultáneamente o sucesivamente (por ejemplo, a través de la prensa), y que es percibido como un comportamiento de muchos. Sólo el mero hecho de que el individuo se sienta parte de una «masa» hace posibles, o difíciles, determinadas reacciones. A consecuencia de esto, un determinado acontecimiento o un comportamiento humano puede provocar sensaciones de la más variada índole: alegría, cólera, admiración, desesperación y pasiones de todo tipo; sensaciones que no se producirían en aislamiento, o que no se producirían tan fácilmente, pero sin que exista en ello una relación de *significado,* o sin que exista al menos en muchos casos. Una acción reactiva de estas características, causada o causada parcialmente por efecto del mero hecho de la «masa» como tal, sin que su significado esté *referido* a este hecho, no podría ser calificada de «acción social» en el sentido que le damos aquí. La diferencia, sin embargo, es naturalmente muy fluida, pues puede existir algún grado de relación con el hecho de la masa (un grado muy diferente o interpretable), por ejemplo, en el caso de un demagogo, pero también en un público masivo. Tampoco puede calificarse *específicamente* de «acción social» la mera «imitación» de una acción ajena (a la que G. *Tarde* atribuye un merecido peso) si se produce solamente de un modo reactivo y no como el resultado de guiar la acción propia por la del otro. El límite es tan fluido que no es posible prácticamente una diferenciación. Pero no es acción social, en el sentido que le damos aquí, el mero hecho de que alguien utilice algún procedimiento conveniente para él que haya aprendido de otras personas. Esa acción no se está guiando *por* el comportamiento de otros, sino que, *a través* de la observación de ese comportamiento, el agente ha aprendido determinadas probabilidades objetivas, *por* las que entonces se orienta. Su acción viene *causada* por una acción ajena, pero el significado de su acción no está determinado por la acción ajena. Por el contrario, sin embargo, si una acción ajena es, por ejemplo, imitada porque es «moda», porque se entiende como «distinguida» desde un punto de vista tradicional, ejemplar o desde un punto de vista social, o por otros motivos similares, el sentido de la acción sí está referido ahí al comportamiento de los imitados o a terceros o a ambos. Entre ambas situaciones existen naturalmente

1. Concepto de sociología y de «significado» de la acción social

gradaciones. Ambos casos, el de una acción generada por la masa y el de una acción generada por imitación, son fluidos y constituyen casos límite de acción social, como veremos, por ejemplo, en la acción tradicional. El motivo de este carácter fluido reside, en estos como en otros casos, en que no siempre se puede establecer de manera clara si una acción está guiada por el comportamiento ajeno ni siempre se puede llegar a determinar el significado de la propia acción, o no se lo puede establecer *de manera consciente* o de manera totalmente consciente, lo cual sucede más raramente. Por eso no siempre se puede distinguir con seguridad entre la mera «influencia» sobre la acción y «guiar el sentido» de la acción. Pero hay que distinguirlos conceptualmente, aunque, por supuesto, la imitación «reactiva» tenga *al menos* la misma *relevancia* sociológica que las «acciones sociales» en sentido propio. La sociología no tiene que ver sólo con la «acción social», aunque ésta es su objeto central; el objeto, por así decir, *constitutivo* de la sociología como ciencia en el tipo de sociología que hacemos aquí. Pero con ello no estamos diciendo nada sobre la *importancia* de este objeto en relación con otros objetos.

2. Tipos de acción social

Como toda acción, también la acción social puede estar caracterizada:

1) Por utilizar las expectativas generadas por el comportamiento de las otras personas y de las cosas del mundo exterior como un «medio» o como una «condición» para los fines de uno mismo, fines pretendidos y considerados racionalmente como un resultado a conseguir *(acción caracterizada por una racionalidad que considera la acción como medio para conseguir un resultado [zweckrational])*;

2) por la creencia consciente en que un determinado comportamiento posee un valor *propio* absoluto (un valor ético, estético, religioso o como quiera que sea) como tal comportamiento, independientemente de los resultados *(acción caracterizada por una racionalidad que considera la acción como tal como un valor [wertrational])*;

2. Tipos de acción social

3) por reacciones espontáneas y sentimientos *(acción reactiva,* o más concretamente *emocional);*
4) por una costumbre arraigada *(acción tradicional).*

1. La acción estrictamente tradicional, al igual que la imitación reactiva (véase más arriba pág. 111), están en el límite de lo que puede denominarse propiamente una acción guiada «por un significado», y a menudo sobrepasan el límite, pues la acción tradicional es a menudo una simple reacción imprecisa a estímulos habituales, que se desarrolla como una actitud arraigada. La mayor parte de las acciones cotidianas habituales se aproxima a este tipo, el cual forma parte de la clasificación no sólo como un caso límite sino también porque el apego a lo habitual puede mantenerse con distintos niveles de consciencia; en este último caso, el tipo se aproxima al tipo número 2.

2. El comportamiento estrictamente reactivo se encuentra también en el límite del comportamiento guiado por un «significado» consciente, y a menudo traspasa ese límite cuando se trata de una reacción descontrolada ante un estímulo extraordinario. Cuando una acción generada por una reacción espontánea se presenta como una descarga *consciente* de sentimientos, se produce una *sublimación:* en este caso, la acción se encontraría ya –no siempre, pero casi siempre– en el camino de una «acción racional considerando la acción como tal como un valor» o de una acción racional-instrumental o de ambas.

3. Una acción guiada por reacciones espontáneas y una acción guiada por una racionalidad que considera la acción

como tal como un valor se distinguen entre sí porque esta última resalta expresamente las pautas últimas de la acción y porque la organiza de manera *consecuente*. Por lo demás, ambas tienen en común que el sentido de la acción no está en el resultado de ésta, sino en la propia acción como tal. Actúa de manera reactiva quien satisface su necesidad espontánea de venganza, de placer, de entrega, de felicidad contemplativa o de liberar pasiones (con independencia de si es de carácter masivo o refinado).

Actúa racionalmente considerando que su acción es en sí misma un valor quien actúa sin tomar en consideración las consecuencias previsibles, sirviendo a sus convicciones sobre lo que parecen imponerle el deber, la dignidad, la belleza, un mandato religioso, la «piedad» o la importancia de una «causa», sea de la índole que sea. La acción racional considerada en sí misma como un valor (en el sentido en que la entendemos aquí) es siempre una acción «por un mandato» o según determinadas «exigencias» que el individuo cree tener impuestos. Sólo en la medida en que una acción humana se guíe por estas exigencias hablamos de *Wertrationalität* (de racionalidad que considera la acción como tal como un valor), lo cual suele ocurrir en unos porcentajes de casos muy diferentes, pero por lo general bastante modestos. Como se verá más adelante, esta racionalidad tiene importancia suficiente como para destacarla como un tipo específico de acción, aunque aquí, por lo demás, no estemos intentando dar una clasificación exhaustiva de los tipos de acción.

4. Actúa con racionalidad que considera la acción como dirigida a conseguir un resultado *(Zweckrationalität)* quien dirige su acción hacia un fin, hacia unos medios y hacia las

2. Tipos de acción social

consecuencias colaterales, *ponderando* racionalmente los medios en relación con los fines, los fines en relación con las consecuencias colaterales y, por último, los distintos fines posibles entre sí. Es decir, que no actúa en todo caso *ni* espontáneamente (en concreto, no emocionalmente) *ni* de manera tradicional. Por su parte, la opción entre los fines y las consecuencias concurrentes o colusorias puede adoptarse con la racionalidad que considera la acción como tal como un valor *(Wertrationalität)*. En este caso, la acción sólo tendría racionalidad instrumental en los medios. Pero el agente puede ordenar los fines en colisión en una escala de prioridades expresamente *ponderada* por alguna necesidad subjetiva sin guiarse en ello por «mandamientos» o «exigencias», y luego guiar su acción de modo que esta necesidad subjetiva sea satisfecha dentro de esa escala de prioridades en lo posible (principio de la «utilidad marginal»). Es decir, la racionalidad que considera la acción en sí misma como un valor puede relacionarse de varias maneras con la racionalidad que considera la acción como un medio para lograr un resultado. Pero, desde el punto de vista de esta última, la racionalidad que considera la acción en sí misma como un valor es siempre *irracional,* y tanto más irracional cuanto más absolutice el valor por el que se guíe la acción, porque, cuanto menos piense en las consecuencias de la acción, más absoluto considerará que es el valor *propio* de la acción como tal (una convicción pura, la belleza, un bien absoluto, un deber absoluto). Pero, por otro lado, una racionalidad instrumental *absoluta* es esencialmente un caso límite de carácter construido.

5. La acción, y específicamente la acción social, rara vez se guía o *solamente por un* modo *o* por el otro. Por otro lado,

estos modos de dirigir la acción tampoco son en absoluto una clasificación exhaustiva de los tipos de acción, sino que son tipos conceptualmente puros, construidos para fines sociológicos, a los que las acciones reales se aproximarán más o menos o de los que tendrán una combinación, lo cual es lo más frecuente. Su utilidad sólo *nos* la podrá mostrar el resultado.

3. La relación social

Llamamos «relación» social al comportamiento de varias personas en la medida en que el significado de la acción de cada una esté referido al de las otras y la acción se guíe por esa referencia. La relación social, por tanto, *consiste* total y exclusivamente en la *probabilidad* de que se dé alguna acción social de algún modo determinado (en el que haya un sentido), siendo indiferente a este respecto en qué se apoye esa probabilidad.

1. Una característica conceptual es, por tanto, que la acción *de cada parte* tenga un mínimo de relación *recíproca* con la acción de los demás. El contenido de la relación puede ser muy variado: lucha, enemistad, amor sexual, amistad, veneración, intercambio mercantil, «perfeccionamiento» o «evitación» o «ruptura» de un acuerdo, «competencia» económica, erótica o de otro tipo, comunidad de clase o nacional o estamental *(en el supuesto de que* todas estas comunidades

produzcan «acciones sociales» más allá de tener meros elementos comunes; de esto hablaremos más adelante). El concepto de relación social, por tanto, *no* dice nada sobre si entre los agentes existe «solidaridad» o lo contrario.

2. Aquí se trata siempre del significado real subjetivo atribuido por los participantes en la relación, sea en un caso concreto o en el caso promedio o en el tipo «puro» construido; no se trata nunca del significado «verdadero» metafísicamente ni del significado «correcto» desde un punto de vista normativo. La relación social consiste exclusivamente, aun tratándose de las llamadas «instituciones sociales» como el «Estado», la «Iglesia», la «corporación», el «matrimonio», etc., en la *probabilidad* de que se haya dado, se dé ahora o se dé en el futuro una acción cuyo significado esté orientado de algún modo por la reciprocidad. Hay que insistir en esto para evitar una concepción «sustancialista» de estos conceptos. Un «Estado», por ejemplo, deja de «existir» desde el punto de vista sociológico tan pronto como desaparezca la *probabilidad* de que tengan lugar determinados tipos de acciones sociales guiadas por un significado. Esta probabilidad podrá ser muy grande o muy pequeña. Pero en la *medida* en que esa probabilidad haya existido o exista realmente (de manera estimada), existió, o existe todavía, la relación social en cuestión. Este sentido y no otro es el que hay dar a la expresión, por ejemplo, de que un «Estado» concreto todavía «existe» o «no existe» ya.

3. No estamos diciendo de ningún modo que los participantes en una acción social concreta de carácter recíproco le den el *mismo* significado a la relación social o que adopten in-

teriormente una actitud de acuerdo con la de la contraparte, es decir, que exista «reciprocidad» en *ese* sentido. Pues la «amistad», el «amor», el «respeto», la «lealtad contractual», el «sentimiento de comunidad nacional» de una parte puede encontrarse en la otra parte una actitud totalmente diferente. Los participantes en una relación social pueden asociar precisamente un sentido muy diferente a su acción: la relación social es, en este aspecto, objetivamente «unilateral» por ambas partes. Pero tiene reciprocidad en cuanto que un agente *presupone* en la otra parte una actitud determinada respecto a él (quizá parcial o totalmente equivocada) y orienta su acción por esta expectativa, lo cual puede tener consecuencias –y casi siempre las tendrá– para el desarrollo de la acción y para la forma de la relación. Es objetivamente «recíproca» en cuanto que el significado de la acción «se corresponde» mutuamente, según las *expectativas* que por término medio tiene cada uno de los participantes en la relación; por ejemplo, la actitud del hijo respecto a su padre será aproximadamente al menos como la espera el padre (en el caso concreto o en el caso promedio o en el tipo construido). Una relación social que se base completamente en una actitud que *se adecue* al significado recíproco es, en realidad, un caso límite. Pero, en nuestro concepto, la ausencia de reciprocidad sólo excluirá la existencia de una «relación social» cuando la ausencia de reciprocidad desemboque realmente en que no llegue a darse una acción de las partes con una referencia mutua y recíproca. Aquí como en otras partes, la regla es realmente la existencia de todo tipo de casos intermedios.

4. Una relación social puede tener carácter pasajero o duradero, es decir, que esté dispuesta de tal modo que exista

la probabilidad de una *repetición* continua de un comportamiento acorde con su significado, es decir, un comportamiento válido para ese caso y, por lo tanto, esperado. La «*existencia*» de una relación social significa *solamente* que existe esa probabilidad, una *probabilidad* mayor o menor de que tenga lugar una acción acorde con un sentido subjetivo determinado; hay que insistir siempre en esto para evitar falsas ideas. Cuando se dice que *existe* o ha existido una «amistad» o un «Estado», esto significa exclusivamente que *nosotros* (los observadores) creemos que existe o que ha existido la *probabilidad* de que, sobre la base de una determinada actitud de determinadas personas, vaya a *tener lugar una acción* de un modo determinado de acuerdo con un significado *promedio;* y no significa nada más (cfr. núm. 2 anterior). Desde un punto de vista sociológico *no* se plantea la alternativa inevitable ante la que se encuentra la perspectiva *jurídica* de que un principio *jurídico* con un determinado significado o vale o no vale (en sentido jurídico), o de que o existe una relación *jurídica* o no existe.

5. El significado de una relación jurídica puede cambiar; por ejemplo, una relación política de carácter solidario puede transformarse en una relación de colisión de intereses. La cuestión de si en estos casos habría que hablar de una relación «nueva» o de si la antigua ha recibido un «sentido» nuevo es sólo una cuestión de conveniencia terminológica y del nivel de *continuidad* conservada en la transformación. El significado puede ser en parte permanente y en parte cambiante.

6. El significado que le da a una relación social un carácter *permanente* puede formularse en «normas». Los partícipes

en la relación *esperan* de las otras partes que acepten estas normas, de modo aproximado o por término medio, a la vez que ellos mismos guían sus acciones por estas normas (de modo aproximado o por término medio). Esto ocurrirá tanto más cuanto más racionalmente estén dirigidas las acciones en cuestión (con racionalidad de medios-fines o con racionalidad que considera la acción en sí misma como un valor). En una relación erótica o en una relación meramente espontánea (por ejemplo, una relación de «piedad»), la posibilidad de una formulación racional del significado subjetivo atribuido a la acción es, por ejemplo, mucho menor que en una relación comercial de carácter contractual.

7. El significado de una relación social puede *acordarse* por ambas partes. Esto significa que los partícipes en la relación se hacen *promesas* para su comportamiento futuro, sea entre ellos o no. Si cada partícipe hace una ponderación racional, contará normalmente (con distinto nivel de seguridad) con que el *otro* va a guiar su acción por el sentido acordado. Aquél, por una parte, dirige su acción, con racionalidad instrumental, por esta expectativa (siendo, según esto, más o menos «leal») y, por otra parte, la dirige con una *Wertrationalität,* por el «deber» de «cumplir» el acuerdo pactado en el sentido que él le había atribuido. Esto es lo que podemos anticipar ahora. Para el resto, véanse capítulo 9 y capítulo 13.

4. Tipos de acción social: usos, costumbre

En la acción social pueden observarse regularidades en la realidad, es decir, acciones que se repiten con el mismo *significado* subjetivo típico en un mismo agente o en numerosos agentes (y que, eventualmente, se repiten también al mismo tiempo). De estos *tipos* de desarrollo de la acción se ocupa la sociología, a diferencia de la historia, que se ocupa de la imputación causal de acontecimientos individuales importantes, es decir, decisivos.

Llamamos *uso* a la probabilidad real de que se dé una *regularidad* en una acción social, en la medida en que esta probabilidad deba su existencia *solamente* a su práctica real dentro de un grupo de personas. Llamamos *costumbre* al uso que descansa en una práctica real de largo *arraigo*. Por el contrario, denominamos uso «generado por *intereses*» al uso cuya probabilidad de existencia empírica está generada *solamente* por acciones de los individuos guiadas, con una racionalidad instrumental, por las mismas *expectativas*.

1. La «moda» forma parte del uso. Llamamos «moda», en oposición a la «costumbre», cuando es la *novedad* del comportamiento el hecho por el que se guía la acción. La moda está próxima a la «convención», pues, como ésta, surge, la mayor parte de las veces, del deseo de prestigio *social*. Ahora no vamos a entrar en más detalles.

2. Llamamos «costumbre», a diferencia de la «convención» y del «derecho», a una norma sin una garantía externa, a la que los agentes se atienen voluntariamente, sea «irreflexivamente» o por «comodidad» o por el motivo que sea, y cuyo cumplimiento por parte de los otros pertenecientes a ese grupo humano pueden esperar los agentes por los mismos motivos. La costumbre no sería, en ese sentido, algo «obligatorio» *(geltendes),* pues a nadie se le «exige» que la siga. La transición entre la costumbre y la *convención* obligatoria y el *derecho* es naturalmente fluida. En todas partes, lo tradicional ha sido el padre de lo obligatorio *(geltendes).* Hoy es «costumbre» que tomemos un desayuno por la mañana a una cierta hora; pero no existe ninguna «obligatoriedad» al respecto (excepto en los huéspedes de un hotel); y no siempre ha sido costumbre. Por el contrario, el tipo de vestido es hoy, en gran medida, ya no sólo costumbre sino una convención, incluso aunque haya surgido de una «costumbre». Sobre el uso y la costumbre vale la pena leer todavía hoy los apartados correspondientes de la obra de Jhering *Zweck im Recht* (volumen II). Véanse asimismo P. Oertmann, *Rechtsordnung und Verkehrssitte* (1914), y, recientemente,

E. Weigelin, *Recht und Moral* (1919) (que coincide *conmigo* frente a Stammler).

3. Muchas y muy llamativas regularidades en el desarrollo de la acción social, especialmente en la acción económica aunque no sólo en ella, no se basan en que esas acciones se orienten por alguna norma considerada «obligatoria» ni tampoco en la costumbre, sino que las regularidades se basan simplemente en que el tipo de acción social de los partícipes corresponde como tal a sus *intereses* normales, tal como ellos mismos los *estiman* subjetivamente, y en que guían su acción por este conocimiento y opinión subjetivos: un ejemplo de esto son las regularidades en la formación de los precios en el mercado «libre». Los que tienen interés en el mercado orientan su comportamiento –el «medio»– por sus propios intereses económicos subjetivos *típicos* –el fin a lograr–, y se guían igualmente por las expectativas-tipo que abrigan respecto del comportamiento previsible de los otros para conseguir ese fin –una «condición»–. Cuanto *más estrictamente* racional actúen, de manera más similar reaccionarán ante determinadas situaciones, surgiendo así regularidades y continuidades en las acciones y en las actitudes, que muy a menudo son mucho más permanentes que cuando las acciones se guían por normas y por deberes considerados por un grupo de personas realmente como «obligatorios». Este fenómeno de que guiarse por el nudo interés propio y por el interés de los otros produce efectos iguales a los que se pretende lograr con las normas (y a menudo en vano) ha despertado una gran atención en el terreno económico: este fenómeno fue precisamente el origen del nacimiento de la economía política como ciencia. Pero vale de manera similar en todos los ámbitos de la acción. Este fenó-

4. Tipos de acción social: usos, costumbre

meno, por la libertad interior que implica y por su carácter consciente, constituye el polo opuesto tanto de la sumisión interna a la mera «costumbre» arraigada como de la entrega abnegada a normas creídas como valores absolutos. *Uno* de los componentes fundamentales de la «racionalización» de la acción es la sustitución del sometimiento interior a una costumbre arraigada por una adaptación racional (deliberada) a los intereses propios. Este proceso no agota, por supuesto, el concepto de la «racionalización» de la acción. Pues la racionalización de la acción puede desarrollarse también en la dirección de una racionalización consciente que considera la acción en cuanto tal como un valor, pero a costa de la costumbre y a costa también de la acción emocional, y, finalmente, la racionalización puede desarrollarse a favor de una acción puramente racional-instrumental y *escéptica* respecto a los valores, y a costa de una acción vinculada a una racionalidad que considera la acción en cuanto tal como un valor. Esta *polisemia* del concepto de «racionalización» de la acción nos va a ocupar todavía a menudo (conceptualizaciones sobre esto *al final*).

4. La estabilidad de la (mera) costumbre descansa básicamente en el hecho de que quien no guíe su acción por la costumbre actúa «desadaptadamente», es decir, tiene que aceptar pequeñas y grandes cosas desagradables e inconveniencias en cuanto que las acciones de la mayoría que lo rodea sí cuentan con esa costumbre y la siguen.

La estabilidad de los *intereses* descansa, de manera similar, en el hecho de que quien no guíe su acción por el interés de los otros –quien no «cuente» con ellos– provoca la oposición de éstos o tiene un resultado no querido o no previsto por él, corriendo el peligro, por tanto, de que sus intereses sufran daño.

5. Concepto de orden legítimo

Los partícipes en una acción, y más concretamente en una acción social y más concretamente aún en una relación social, pueden guiar su acción por la *idea* de que existe un *orden legítimo*. Llamamos «legitimidad» *(Geltung)* de un orden a la probabilidad de que realmente ocurra que los partícipes en una acción social se guíen por esa idea.

1. «Legitimidad» de un orden significa para nosotros, por tanto, algo más que la mera regularidad en el desarrollo de una acción social generada por la costumbre o por intereses. Cuando una sociedad de transporte de muebles anuncia regularmente las fechas de las mudanzas, esta regularidad está generada por el «interés». Cuando un vendedor ambulante visita a su clientela en determinados días del mes o de la semana, esto es o una costumbre arraigada o también el resultado de sus intereses (turnar las visitas a su clientela). Pero

5. Concepto de orden legítimo

cuando un funcionario se presenta diariamente en su despacho a una hora fija, esto no *sólo* está generado por un hábito arraigado (costumbre), aunque también, ni *sólo* por un interés propio que él pudiera recrear o no a su arbitrio, aunque también; sino que, por regla general, está condicionado por la «legitimidad» del ordenamiento (el reglamento de trabajo) como un mandato, cuyo incumplimiento rechaza el funcionario no sólo porque le traería perjuicios sino que lo denigra por su «sentido del deber» desde la racionalidad que considera la acción en sí misma como un valor (aunque este sentido del deber pueda ser efectivo en muy diferente medida).

2. a) Llamamos «orden» al contenido de una relación social sólo cuando la acción se guía (por término medio o aproximadamente) por determinadas «máximas».

b) Hablaremos de «legitimidad» de este orden sólo cuando este guiarse realmente por esas máximas se produzca al menos *también* (es decir, en un nivel importante) porque esas máximas se consideran obligatorias *(geltend) para* la acción, es decir, vinculantes o ejemplares. Evidentemente los partícipes se guían por un orden por motivos muy diferentes. Pero la circunstancia de que el orden mueva, *junto* a otros motivos, de manera vinculante o ejemplar, es decir, con carácter *normativo,* a una parte al menos de los agentes acentúa naturalmente la probabilidad de que la acción se guíe por el orden, y de que a menudo lo haga en una medida significativa. Un orden que se cumpliera *solamente* por motivos de la racionalidad que considera la acción como medio para un resultado es, por lo general, mucho más frágil que cuando un agente se guía por el orden por la sola fuerza de la costumbre, o a consecuencia del arraigo del comportamiento. Este último es el modo más frecuente de la actitud interior, pero es mucho más frágil que un orden que aparezca con el prestigio de tener un carácter ejemplar o vinculante. En realidad, la transición entre guiarse por un orden por meros motivos tradicionales o por mera racionalidad instrumental y la creencia en la legitimidad es naturalmente fluida.

3. Uno no sólo «se guía» por la legitimidad de un orden cuando «cumple» el sentido del mismo (tal como éste sea entendido por término medio). También en el caso de la «transgresión» o «elusión» del orden *actúa (es efectiva)* la probabilidad de que exista, a algún nivel, un orden legítimo (como una norma obligatoria). El ladrón que oculta su robo está guiando su comportamiento por la «legitimidad» del código penal. En este hecho de *tener que* ocultar su trasgresión se está poniendo de manifiesto precisamente que el orden «vale» dentro de un grupo humano. Pero prescindiendo de este caso límite, el incumplimiento del orden se suele limitar a trasgresiones parciales más o menos numerosas o pretende presentarse como un incumplimiento legítimo con diferentes grados de buena fe; o existen en realidad diferentes concepciones del significado del orden, que –para la sociología– son «legítimas» cada una de ellas en la medida en que determinen el comportamiento real. Para la sociología no representa ninguna dificultad aceptar esta yuxtaposición de legitimidades de distintos órdenes, *opuestos* entre sí, dentro del mismo grupo humano. Pues incluso un mismo individuo puede guiar su acción por órdenes opuestos entre sí, y no sólo de manera sucesiva, como ocurre a diario, sino también en relación con la misma acción. Quien ejecuta un due-

5. Concepto de orden legítimo

lo y lo oculta está guiando su acción por el código del honor, y si, por el contrario, se entrega a los jueces se está guiando por el código penal. Si el incumplimiento o la elusión del significado de un orden (del significado *pensado* por término medio) llega a convertirse en la *regla,* ese orden ya no es entonces «legítimo» o lo es de un modo limitado. Para la sociología, por tanto, no hay una contraposición disyuntiva entre legitimidad de un orden determinado o no legitimidad, como sí la hay, sin embargo, para el derecho, de acuerdo con su objetivo inevitable, sino que existe una transición lábil entre ambos casos, y, como ya hemos dicho, pueden coexistir yuxtapuestos distintos órdenes «legítimos» opuestos entre sí; esto quiere decir que cada uno de ellos existe en la medida en que exista la *probabilidad* de que las acciones se guíen *efectivamente* por él.

Los conocedores de la bibliografía se acordarán del papel que desempeña el concepto de «orden» en el libro de R. Stammler que hemos citado en la nota preliminar, un libro escrito sin duda alguna, como todos sus trabajos, de manera brillante pero con errores fundamentales y con una terrible confusión de los problemas (véase *mi* crítica al respecto, citada igualmente en la misma nota, lamentablemente algo fuerte en la forma por el disgusto que tenía ante la confusión que había creado). Stammler no sólo no distingue entre la legitimidad *(gelten)* empírica y la legitimidad normativa, sino que ignora además que la acción social no *sólo* se guía por los «ordenamientos». Pero, sobre todo, Stammler convierte al orden, de forma totalmente errónea, en una «forma» de la acción social y luego lo traslada al «contenido» de la acción en un papel similar al que la «forma» desempeña en un sentido epistemológico (prescindiendo además de otros errores). La acción económica, por ejemplo, se guía en realidad, en primer lugar, por la idea de que los medios disponibles para la satisfacción de las necesidades son escasos en relación con las necesidades (pensadas) y por las acciones presentes y futuras previsibles de terceros, que piensan en los mismos medios. Pero en la *elección* de sus reglas «económicas» se orienta *además* por aquellos «órdenes» que el agente sabe que «valen» como leyes y convenciones, es decir, por aquellos órdenes de los que sabe que, en caso de no ser cumplidos, se producirá una reacción determinada por parte de terceros. Stammler ha confundido esta simple situación empírica de manera desesperante y no ha podido dar en concreto una explicación conceptual sobre la relación de causalidad entre el «ordenamiento» y la acción real. En realidad no existe ninguna relación de causalidad entre la legitimidad (validez normativa) del ordenamiento de la dogmática jurídica y un proceso empírico, sino que lo único que nos podemos preguntar es si el proceso empírico está «afectado» jurídicamente por el ordenamiento *correctamente* interpretado, es decir, si el ordenamiento *tiene que* tener validez, por tanto, para *ese proceso empírico* y, en caso afirmativo, qué quiere decir que el ordenamiento sea una norma obligatoria para ese proceso empírico. Pues, en su caso, existe evidentemente una relación de causalidad en el sentido usual del término entre la *probabilidad* de que una acción se guíe por la *idea* de la legitimidad de un ordenamiento entendido por término medio de una manera determinada y la acción económica que se realice. Pero para la sociología, el «orden» legítimo es precisa y exclusivamente esa probabilidad de que las acciones se guíen por esa *idea*.

6. Tipos de «órdenes» legítimos: el derecho y la convención

La legitimidad de un orden puede estar *garantizada* de dos modos:

a) La garantía puede ser puramente subjetiva:

1. Por una entrega emocional del sujeto, es decir, puramente espontánea;

2. por la creencia en la validez absoluta del orden como expresión de valores últimos de índole moral, estética o de cualquier otra índole, es decir, una garantía *wertrational;*

3. por la creencia en que la salvación depende del cumplimiento del orden, es decir, una garantía religiosa.

b) Pero la legitimidad de un orden puede estar garantizada también por la expectativa de obtener determinados resultados externos (o solamente por ella), es decir, garantizada por intereses o por expectativas de *índole* particular.

Un orden se denomina:

a) Convención cuando la legitimidad del orden tiene una garantía externa en la probabilidad de que, en caso de desviación, se encontrará con una *desaprobación* relativamente general y perceptible dentro de un grupo humano determinado.

b) Derecho cuando la legitimidad del orden está garantizada por la probabilidad de que un *aparato* de personas, dispuesto para ello, utilice la *coacción,* física o psíquica, para obligar a cumplir el orden y para perseguir las transgresiones.

Sobre la convención, véanse, además de las obras citadas anteriormente de Jhering y Weigelin, la de F. Tönnies, *Die Sitte* (1909).

1. Llamamos convención a una «costumbre» aceptada como «obligatoria» *dentro de un grupo humano* y garantizada por la desaprobación de las desviaciones respecto a ella. A diferencia del derecho en el sentido en que lo utilizamos aquí, en la convención falta el *aparato* humano preparado para ejercer la coacción. Cuando Stammler quiere distinguir la convención del derecho por el carácter absolutamente «voluntario» del sometimiento en aquélla, ni está en consonancia con el uso habitual del lenguaje ni tampoco es acertado con los propios ejemplos que pone. El cumplimiento de la «convención» en el sentido usual de la palabra –por ejemplo, dar el saludo habitual, vestir de la manera que se considera decente, mantenerse dentro de los límites del contenido y de la forma del trato con las otras personas– se «le impone» al individuo como algo obligatorio o como algo modélico y no es para él algo libre, como, por ejemplo, la mera «costumbre»

6. Tipos de «órdenes» legítimos: el derecho y la convención

de prepararse las comidas de una manera determinada. El incumplimiento de la convención (de las «costumbres de una clase social») se persigue a menudo con una consecuencia grave, con un boicot social por parte de los miembros de la clase social *(Standesgenossen)* más fuerte que el que tendría cualquier imposición jurídica. Lo único que falta es el aparato humano específico preparado para garantizar su cumplimiento (entre nosotros: los jueces, los abogados, los funcionarios, los alguaciles, etc.). Pero la transición entre la convención y el derecho es fluida. El caso límite entre la garantía convencional de un orden y la garantía jurídica es la aplicación de un boicot formal, anunciado y *organizado*. Un boicot de esta índole sería en nuestra terminología un medio de coacción jurídico. No nos interesa ahora el hecho de que la convención esté protegida también por otros medios, además de por la *mera* desaprobación (por ejemplo, por el uso del derecho familiar en comportamientos contrarios a la convención), pues lo decisivo es que quien emplea estos medios coactivos *como consecuencia* de la desaprobación de la convención (medios coactivos a veces drásticos) es *el individuo* y no un *aparato* humano preparado como tal para ello.

2. Para nosotros, en el concepto de «derecho» es decisiva la existencia de un *aparato* coactivo; para otros objetivos, el derecho puede definirse de manera totalmente distinta. Ese aparato coactivo no tiene evidentemente que parecerse a lo que nosotros estamos acostumbrados actualmente. No es necesario en concreto que exista una instancia «judicial». También el linaje funciona (en los casos de venganza de sangre y de guerra) como un aparato similar, *cuando* reacciona haciendo valer realmente órdenes de diferente índole. Este

caso está, no obstante, en el límite externo de lo que hay que llamar «coacción jurídica». Como es conocido, al «derecho internacional» se le ha discutido continuamente su calificación de «derecho» por faltarle un poder coactivo supraestatal. En la terminología que hemos elegido aquí como conveniente no habría que llamar «derecho» a un orden que sólo estuviera garantizado externamente por la expectativa de la desaprobación y de la represalia del que sufre el daño, es decir, que sólo estuviera garantizado por la convención y por los intereses sin que existiera un aparato humano, cuya acción estuviera dispuesta *como tal* para el mantenimiento del orden. En la terminología jurídica, sin embargo, puede muy bien valer lo contrario. Los *medios* utilizados para la coacción son irrelevantes. Entre esos medios estaría la «amonestación fraternal», que era usual en algunas sectas como el primer instrumento de una coacción suave sobre los pecadores, cuando la amonestación estaba regulada por una regla y se realizaba por un aparato humano. Lo mismo ocurre, por ejemplo, con la censura [en Roma] como medio para garantizar normas «morales» del comportamiento. Y lo mismo se puede decir de la coacción psíquica a través de medios disciplinarios eclesiásticos propios. Hay, por consiguiente, un «derecho» garantizado tanto hierocráticamente como políticamente o por los estatutos de una asociación o por la autoridad familiar o por los gremios o corporaciones. También las normas de una asociación estudiantil *(Komment)* se pueden considerar, según nuestro concepto, como «derecho». El caso de los derechos inejecutables del artículo 888, párrafo 2, de la RZPO es uno de ellos. Las llamadas *leges imperfectae* y las «obligaciones naturales» son expresiones del *lenguaje* jurídico en las que se expresan *indirectamente* condiciones o límites a la aplicación de la coacción. Una «costumbre del comercio» impuesta coactivamente es, en ese sentido, *derecho* (artículos 157, 242 del BGB). Véase, sobre este concepto de «buenas costumbres», es decir, de una costumbre aceptable y por ello sancionada por el derecho: *Max Rümelin* en Schwäb. Heimatgabe für Th. Häring (1918).

3. No todos los órdenes legítimos tienen necesariamente un carácter general y abstracto. Entre un «principio del derecho» legítimo y una «decisión jurídica» en un caso concreto, por ejemplo, no siempre ha existido tanta distancia como nosotros consideramos normal actualmente. Por tanto, un «orden» *puede* presentarse como el orden de un caso concreto. Más detalles sobre esto en la sociología del derecho. Nosotros, cuando no se diga otra cosa, vamos a trabajar con la idea moderna sobre la relación entre principio jurídico y decisión jurídica.

4. Los órdenes garantizados «desde fuera» también pueden estar garantizados «interiormente». Para la sociología no constituye ningún problema la relación entre derecho, convención y ética. Para la sociología, un criterio «ético» es aquel que pone como norma de la acción humana una determinada *creencia* de los hombres en un valor, de la misma manera que una acción que se califica de «hermosa» se está midiendo con criterios estéticos. Las normas éticas en ese sentido pueden influir muy profundamente en la acción, prescindiendo de cualquier garantía externa; garantía externa suele ser el hecho de que, con el incumplimiento de las normas, se afectarían intereses de otros. Por otra parte, suelen estar garantizadas muy a menudo por la religión. Pero

también pueden estar garantizadas convencionalmente (en el sentido que damos aquí a la convención), es decir, por la desaprobación del incumplimiento y por el boicot, o pueden estar garantizadas jurídicamente –por la respuesta penal o administrativa o por las consecuencias civiles–. En realidad, cualquier ética «legítima» en el sentido de la sociología suele estar garantizada convencionalmente, es decir, por la probabilidad de que se produzca una desaprobación por incumplirla. Pero, por otra parte, no todos los órdenes garantizados por el derecho o por la convención aspiran, o al menos no necesariamente aspiran, a tener el carácter de normas *éticas,* y los órdenes jurídicos en su conjunto, instituidos por lo general racionalmente, lo aspiran mucho menos que los órdenes convencionales. *La cuestión de si* hay que considerar que una idea de legitimidad extendida entre los hombres pertenece al ámbito de la «ética», no siendo entonces ni «mera» convención ni «mera» norma jurídica, sólo puede resolverse en la *sociología* empírica atendiendo al concepto de lo «ético» que *realmente* tuviera o hubiera tenido ese grupo humano del que se trate. Por ello, *para la sociología* no se puede decir nada general sobre este punto.

7. Bases del orden legítimo: tradición, creencia, reglamentación positiva

Los agentes pueden atribuirle *legitimidad* a un orden:

a) En virtud de la tradición: la legitimidad de lo que ha existido siempre,

b) en virtud de una creencia arraigada en el ánimo, específicamente de carácter emocional: la legitimidad de lo revelado y de lo modélico,

c) en virtud de una creencia en que algo tiene un valor absoluto: la legitimidad de lo considerado como absolutamente válido,

d) en virtud de que esté estatuido positivamente, creyendo en la *legalidad* de lo estatuido. Los partícipes pueden considerar esta legalidad *legítima* o en virtud de un acuerdo de los interesados a favor de esta legalidad o en virtud de la imposición y del sometimiento (sobre la base de un poder de hombres sobre hombres considerado como *legítimo).*

El desarrollo detallado pertenece a la sociología del poder y a la sociología del derecho, excepto algunos conceptos que se van a definir más adelante.

1. La legitimidad del orden en virtud del carácter sagrado de la tradición es la más antigua y la más universal. El miedo ante los daños de la magia fortalecía la inhibición psíquica ante cualquier cambio en los usos arraigados de la acción, y los distintos intereses, que se suelen asociar al mantenimiento del sometimiento a un orden válido, actuaban en el sentido del cumplimiento de éste.

2. La creación *consciente* de nuevos órdenes fue originariamente casi siempre obra de los oráculos de los profetas o, al menos, de las revelaciones sancionadas por los profetas y como tales tomadas por sagradas; y de ahí hasta las normas de los árbitros-jueces *(aisymnetas)* helénicos. La obediencia dependía de la fe en la legitimación del profeta. En la época del tradicionalismo estricto, cuando no había una revelación de nuevos órdenes, sólo era posible que surgieran nuevos órdenes, es decir, órdenes que se *consideraran* «nuevos», reconociendo que los órdenes eran válidos desde siempre, pero que no habían sido conocidos *correctamente,* o diciendo que habían estado ocultos durante un cierto tiempo y ahora se r*edescubrían.*

3. El «derecho natural» representa el tipo más puro de legitimidad de carácter *wertrational*. Por muy limitado que haya sido respecto a sus pretensiones ideales, no cabe ninguna duda, sin embargo, de que sus principios lógicamente establecidos han tenido una no pequeña influencia sobre la ac-

ción; y estos principios hay que diferenciarlos tanto del derecho revelado como del tradicional o del estatuido.

4. La forma de legitimidad más frecuente hoy es la creencia en la *legalidad:* la obediencia a normas que se han establecido correctamente *desde el punto de vista formal* y en la forma habitual. En este punto, la contraposición entre un orden pactado y un orden otorgado es solamente relativa, pues tan pronto como la obligatoriedad *(Geltung)* de un orden pactado no se apoye en un acuerdo *unánime* –tal como se exigía en el pasado para que hubiera una auténtica legitimidad–, sino que se apoye en la obediencia real de unas voluntades que disienten de la mayoría –como suele ocurrir con frecuencia–, en ese caso se produce en realidad una imposición sobre la minoría. Por otra parte, ocurre muy a menudo que algunas minorías violentas o muy desconsideradas y resueltas impongan un orden, que luego sea considerado como legítimo por quienes originariamente se oponían. En la medida en que la «votación» es un medio legal para hacer o cambiar un orden, es muy frecuente que la voluntad de la minoría consiga la mayoría formal y que la mayoría obedezca; es decir, que el principio de la mayoría es una apariencia. La creencia en la legalidad de los órdenes pactados se retrotrae muy atrás en el tiempo y se encuentra a veces en los llamados pueblos primitivos, pero casi siempre completada con la autoridad de los oráculos.

5. La obediencia a un orden impuesto, en la medida en que no sean determinantes para la obediencia el puro miedo o motivos de índole racional instrumental sino que exista una idea de la legalidad, presupone la fe en un *poder* en algún

sentido legítimo de quien o quienes otorgan el orden; de esto hablaremos más adelante (caps. 13 y 16).

6. Por lo general, la obediencia a un orden viene determinada, además de por intereses de la más variada índole, por una mezcla de obediencia a la tradición y de una idea de legalidad, cuando no se trata de órdenes nuevos estatuidos. En muchos casos, el agente que obedece no es ni siquiera consciente de si se trata de una costumbre, de una convención o del derecho. La sociología tiene que investigar entonces el *tipo* de legitimidad.

8. Concepto de lucha

Denominamos *lucha* a una relación social en cuanto que una acción se guíe por la intención de imponer la propia voluntad en contra de la oposición del o de los *partner*. Llamamos medios de lucha «pacíficos» a los que no consistan en la violencia *(Gewaltsamkeit)* física directa. A la lucha «pacífica» la llamamos «competencia» si se realiza como una competición formalmente pacífica por disponer de oportunidades a las que también aspiran otros. Llamamos «competencia regulada» a una competición en la medida en que dirija sus objetivos y sus medios por un orden. Llamamos «selección» a la lucha (latente) que tiene lugar entre unos individuos, o tipos de individuos, *contra* otros por las oportunidades de vida o de supervivencia, sin una intención expresa de lucha; la denominamos «selección social» cuando se trate de la lucha de los vivos por sus oportunidades en la vida y la llamamos «selección biológica» cuando se trate de las probabilidades de supervivencia de una masa hereditaria *(Erbgut)*.

1. Hay una gradación continua muy matizada, que va desde la lucha sangrienta que tiende a la destrucción de la vida del contrario y rechaza cualquier sometimiento a reglas de lucha hasta la «lucha electoral», pasando por la lucha de caballeros regulada convencionalmente (el grito de Herold antes de la batalla de Fontenoy: *Messieurs les Anglais, tirez les premiers),* por la «competencia» sin reglas, por ejemplo, de los pretendientes del favor de una mujer, por la competencia en torno a las probabilidades del intercambio sometida al orden del mercado y por la «competencia» artística regulada. Un concepto específico de lucha (no) violenta tiene justificación por la peculiaridad de sus medios normales y por la peculiaridad de las consecuencias sociológicas que de ahí se derivan. (Véase más adelante.)

2. Toda lucha y toda competencia que tengan lugar de modo típico o masivo conducen a la larga, sin duda, a pesar de muchas casualidades determinantes, a una «selección» de quienes por término medio posean más cualidades personales importantes para el triunfo en la lucha. Las condiciones de la lucha y de la competencia son decisivas para determinar cuáles sean esas cualidades: una mayor fuerza física o una astucia sin escrúpulos, un mayor rendimiento intelectual o una mayor fuerza pulmonar y técnica demagógica, el respeto hacia los superiores o la adulación de las masas, una mayor originalidad o una mayor capacidad de adaptación social, unas cualidades consideradas como extraordinarias o cualidades que no sobrepasen la media. Entre las condiciones de la lu-

cha y de la competencia hay que contar también, además de todas las cualidades individuales pensables, el *orden* por el que se guíe el comportamiento en la lucha, es decir, si es de carácter tradicional o de carácter racional-instrumental o de racionalidad que considera a la acción en sí misma como un valor. *Cada* orden influye sobre las probabilidades de la selección social. No *toda* selección social es «lucha» en el sentido que le damos aquí. La «selección social» significa más bien solamente que determinados tipos de comportamiento, y, por consiguiente, de cualidades personales, son preferidos para poder alcanzar una determinada *relación* social (como «amante», «marido», «diputado», «funcionario», «maestro de obras», «director general», «empresario exitoso», etc.). La «selección social» como tal no dice nada sobre si ha sido realizada mediante «lucha» ni tampoco sobre si ella mejora la *probabilidad de supervivencia* biológica o lo contrario.

Nosotros sólo hablamos de «lucha» cuando tenga lugar realmente una «competencia». En la realidad no se puede descartar la lucha en el sentido de «selección», según nuestra experiencia hasta ahora, y, *por principio,* no se puede descartar la lucha en el sentido de selección *biológica*. La selección es «permanente» porque no se puede idear ningún medio que la elimine por completo. Un orden pacifista de la máxima exigencia sólo puede regular medios de lucha, objetivos de lucha y la dirección de la lucha en el sentido de eliminar algunos objetivos determinados entre ellos. Esto significa que *otros* medios de lucha llevarán a la victoria en una competencia abierta por las probabilidades de vida y de supervivencia o –si es que se piensa que la competencia se puede eliminar (lo cual sólo sería posible en términos utópicos)–

en una selección (latente) por esas probabilidades de vida y de supervivencia, y que favorecerán a quienes dispongan de esos medios, con independencia de si los tienen por herencia o como resultado de la educación. La selección social constituye empíricamente el límite de la eliminación de la lucha, y la selección biológica lo constituye en el plano de los principios.

3. Hay que diferenciar entre «lucha» y «selección» en las *relaciones sociales* y la lucha de *los individuos* por la vida y por la supervivencia. En el ámbito de las relaciones sociales sólo se pueden utilizar estos conceptos de lucha y selección en un sentido figurado, pues las «relaciones» sociales sólo *existen* realmente como *acciones* humanas dotadas de un determinado significado. «Selección» o «lucha» en las relaciones sociales significa, por tanto, que una determinada acción es *reprimida* a lo largo del tiempo por otra acción de unas mismas personas o de otras. Esta *represión* es posible de distintas *maneras*:

a) Una acción humana puede tender *conscientemente* a dañar determinadas relaciones sociales concretas o relaciones sociales de carácter general, es decir, perjudicar para que una *acción* no se realice según su correspondiente significado; o puede impedir que surja una acción o que continúe existiendo (por ejemplo, impedir que surja o continúe un «Estado» mediante una guerra o una revolución o impedir una «conjuración» mediante una sangrienta represión, o impedir el «concubinato» con medidas policiales, o los negocios «usurarios» con castigos y la negativa a darles protección jurídica); o puede influir conscientemente en un tipo de acción en contra de otra premiando la existencia de aquélla.

8. Concepto de lucha

Estos objetivos se los puede proponer tanto un individuo como muchos individuos unidos.

b) Pero la «represión» de una acción puede ser también un resultado no querido de la propia acción social y de condicionantes de toda índole, que hacen que unas determinadas relaciones concretas o unas relaciones organizadas de una manera determinada tengan menos probabilidad de seguir existiendo o de surgir de nuevo. Todas las condicionantes naturales y culturales de cualquier índole pueden actuar, en el caso de cualquier transformación, para desplazar esas probabilidades para los tipos más diferentes de relación social. Cada uno es muy dueño de hablar también en esos casos de «selección» en el ámbito de las relaciones sociales –por ejemplo, entre los Estados–, en el sentido de que triunfa «el más fuerte», es decir, el «más adaptado». Pero hay que tener en cuenta que esa «selección» no tiene nada que ver con la selección de los *tipos* de hombre en sentido social o en sentido biológico. Y en cada caso concreto hay que preguntar en caso concreto individual por el *motivo* que genera ese desplazamiento de las posibilidades de una acción social o de una relación social, o que destruye una relación social o que le permite seguir existiendo respecto a otras. Y como estos motivos pueden ser tan variados, parece inadecuada una única expresión para todo ello. En esta cuestión siempre existe el peligro de llevar a la investigación empírica *valoraciones* no controladas y de hacer apología de lo que es particular de un caso concreto, es decir, de lo que es un *resultado* «casual». Los últimos años han traído y traen de esto más que suficiente. Pues la eliminación de una relación social concreta generada por motivos muy concretos no demuestra en sí misma realmente nada contra su «adaptabilidad» *general*.

9. «Comunidad» y «sociedad»

Llamamos «comunidad» *(Vergemeinschaftung)* a una relación social en la medida en que la acción social esté basada –en un caso concreto o en el tipo puro de acción o en la acción promedio– en el *sentimiento subjetivo de pertenencia en común* por parte de los partícipes (sentimiento de índole afectiva o tradicional).

Llamamos «sociedad» *(Vergesellschaftung)* a una relación social en la medida en que la acción social esté basada en una *unión* de intereses motivada racionalmente o en un *equilibrio* de intereses motivado asimismo racionalmente (en ambos casos la racionalidad puede ser de índole instrumental o de consideración de la acción en sí misma como un valor).

La sociedad tipo puede descansar específicamente, aunque no exclusivamente, en un *acuerdo* racional mediante la aceptación recíproca. En el caso de basarse en un acuerdo racional, la acción de la sociedad como tal se orienta:

9. «Comunidad» y «sociedad»

a) Por la creencia en su *propio* carácter obligatorio *(wertrational);*
b) por la expectativa de que el *partner* sea leal (racionalidad instrumental).

1. Esta terminología recuerda la diferenciación realizada por F. Tönnies en su fundamental obra *Gemeinschaft und Gesellschaft*. Pero Tönnies le dio a esta diferenciación un contenido más específico que el que sería útil para nuestro propósito.

Los tipos más puros de sociedad son:

a) El *intercambio* en el mercado, libremente pactado y de índole estrictamente racional-instrumental: un compromiso real entre personas con intereses contrapuestos, pero complementarios;

b) la *Zweckverein*, sobre la base de un pacto libre, de un acuerdo sobre una acción continuada dirigida a la consecución de intereses objetivos de los miembros (intereses económicos u otros);

c) la sociedad de correligionarios *(Gesinnungsverein)*, basada en una racionalidad que considera la acción en sí misma como un valor: un ejemplo es la secta racional, en cuanto que prescinde de atender intereses de carácter emotivo o afectivo y sólo quiere servir a la «causa» (lo cual, por supuesto, en su tipo puro sólo acontece en casos específicos).

2. La *comunidad* puede tener cualquier base de índole afectiva o emocional, pero también tradicional: una fraternidad espiritual, una relación erótica, una relación de respeto *(Pietät)*, una comunidad «nacional», una tropa mantenida unida por la camaradería. La comunidad familiar ilustra del modo

más conveniente este tipo. Pero la mayor parte de las relaciones sociales tiene *en parte* el carácter de comunidad y *en parte* el de sociedad. Cualquier relación social, por muy racional (instrumental) y fríamente que esté organizada (una clientela, por ejemplo), *puede* generar sentimientos que vayan más allá del fin elegido. A esto último tiende de alguna manera, aunque, por supuesto, en muy distinto grado, toda sociedad que produzca una relación social entre personas que sobrepase la acción propia de una organización de carácter racional-instrumental *(Zweckverein),* es decir, que genere una relación social dispuesta para una larga duración, y que no esté limitada de antemano a unas actividades objetivas específicas; ejemplos son la formación de una sociedad dentro del mismo ejército, dentro de la misma clase de la escuela, de la misma oficina de contabilidad, en el mismo taller. Pero también puede ocurrir al revés, que una relación cuyo sentido normal es el de ser una comunidad puede guiarse por parte de todos o de algunos partícipes de manera racional-instrumental, total o parcialmente. Es muy diferente que los miembros de una familia la sientan como una «comunidad» o la utilicen como una «sociedad». El concepto de «comunidad» lo definimos aquí intencionadamente de un modo muy general, abarcando, por tanto, a realidades muy heterogéneas.

3. La comunidad normalmente, atendiendo al significado mencionado, constituye la contraposición más radical a la «lucha». Esto no puede ocultar que también en las comunidades más íntimas es normal que se produzcan coacciones de toda índole sobre los más débiles de espíritu y es normal que se produzca asimismo en las comunidades una «selec-

ción» de tipos, que conduce, como en cualquier otro lugar, a una situación diferenciada en cuanto a las oportunidades de vida y de supervivencia. Por otro lado, las sociedades son a menudo *solamente* un compromiso entre intereses rivales, que sólo eliminan una *parte* del objeto y de los medios de la lucha (o al menos lo intentan), pero dejando subsistir por lo demás la contraposición de intereses como tal y la *competencia* por las oportunidades. La «lucha» y la comunidad son conceptos relativos. La lucha adquiere formas distintas según los medios que utilice (violentos o pacíficos) y la consideración o desconsideración con que los utilice. Ya hemos dicho que cualquier orden de la accion social da cabida, hasta cierto punto, al proceso de *selección* entre los diferentes tipos humanos en competencia por las oportunidades de la vida.

4. La existencia de cualidades comunes, de una situación común o de un comportamiento común no constituye una comunidad. La posesión, por ejemplo, de una herencia biológica común, que se considere como una expresión «de la raza», no constituye por sí misma ninguna comunidad entre las personas con esa característica. A causa de restricciones en la comunicación y en el matrimonio establecidas desde fuera, algunas personas pueden llegar a estar en una situación igual, una situación de aislamiento respecto al mundo exterior. Pero incluso aunque reaccionaran de la misma manera ante esta situación, esto no constituye todavía una comunidad; y tampoco se constituye una comunidad por el mero «sentimiento» acerca de esa situación común y sus consecuencias. Sólo surge una relación social entre ellos, si este sentimiento les lleva a que *guíen* su comportamiento de

manera recíproca de unos respecto a los otros –y no sólo que cada uno de ellos lo oriente hacia el mundo exterior–. Y sólo hay «comunidad» si esta relación social expresa contiene un sentimiento de pertenencia en común. En el caso de los judíos, por ejemplo, existe una relación de comunidad en muy poca medida, excepto en los círculos sionistas y en la acción de algunas sociedades dedicadas a fomentar intereses específicamente judíos; con frecuencia, los judíos rechazan expresamente la existencia de una comunidad judía. Una comunidad de *lengua,* surgida de una tradición similar por parte de las familias y del entorno, facilita la comprensión mutua, y por consiguiente, la creación de todo tipo de relaciones sociales al máximo nivel. Pero en sí misma no constituye todavía una comunidad, sino que simplemente facilita el intercambio entre los grupos afectados, es decir, facilita el surgimiento de sociedades. Esto tiene lugar entre *individuos* y *no* en cuanto que hablen la misma lengua, sino en cuanto que tienen intereses de otro tipo. Guiarse por las reglas de la lengua común es, en primer lugar, sólo el medio de comunicación, no el contenido de una relación social. Sólo con el surgimiento de la conciencia de ser distintos respecto a terceros pueden crearse en los que tienen una lengua común una situación común, un sentimiento de comunidad y crearse sociedades, cuya existencia consciente se funda en la lengua común. La participación en un «mercado» es de otra índole. Genera una sociedad entre los participantes individuales en el intercambio y una relación social –sobre todo de «competencia»– entre los participantes, que tienen que guiar su comportamiento recíprocamente los unos por el de los otros. Pero sólo se forma una sociedad si algunos participantes adoptan acuerdos para mejorar su lucha por los precios o si todos adoptan acuerdos con la finalidad de regular y asegurar el intercambio. (Hay que señalar, por lo demás, que el mercado y la economía de cambio basada en el mercado constituyen el tipo más importante de influencia recíproca de los *intereses* desnudos sobre la acción, como es característico de la economía moderna.)

10. Relaciones sociales abiertas y cerradas

Denominamos «abierta» a una relación social, con independencia de que sea sociedad o comunidad, si su orden vigente no niega su participación en la acción social recíproca que la constituye a nadie que desee participar y esté en disposición de hacerlo. Por el contrario, una relación social es «cerrada» hacia fuera en la medida en que su orden vigente o su contenido excluyan la participación, la limiten o la sometan a condiciones. Si una relación social es abierta o cerrada puede determinarse en términos tradicionales o *emocionales* o en términos de racionalidad instrumental o de *Wertrationalität*. Una relación social cerrada *en términos racionales* viene determinada especialmente por la siguiente situación: la relación social puede abrirles a los partícipes la posibilidad de satisfacer intereses espirituales o materiales, sea en cuanto objetivo o en cuanto al resultado, sea mediante una acción solidaria o un compromiso entre los intereses. Si

10. Relaciones sociales abiertas y cerradas

los partícipes esperan de la admisión de otros una mejora de sus oportunidades en cuanto a su nivel, tipo, seguridad y valor de su satisfacción, están interesados en que la relación social sea abierta, y si, por el contrario, esperan una mejora de su situación con procedimientos monopolísticos, están interesados en una relación social cerrada *hacia fuera*.

Una relación social cerrada puede garantizarles a los partícipes sus ventajas monopolizadas de varias maneras:

a) Estas ventajas pueden quedar *libres* para la lucha interna dentro del grupo;

b) pueden estar *reguladas* o racionadas en cantidad y especie, o

c) pueden ser *poseídas* por los individuos o por grupos de ellos de manera permanente o con carácter relativa o completamente inalienable. En este último caso hay también un cierre *hacia dentro*. Las ventajas de las que tienen su propiedad las denominamos «derechos». La apropiación, de acuerdo con el ordenamiento, puede ser:

1) Para determinadas comunidades y sociedades, por ejemplo, para las comunidades familiares, o

2) para individuos. En este último caso, el individuo puede disfrutar sus derechos de modo totalmente personal o de modo que, en el caso de su muerte, una o más personas relacionadas con el ostentador del derecho por nacimiento (parentesco) o por alguna otra relación social pueden heredar los derechos; o los derechos pueden pasar a una o varias personas designadas por el ostentador del derecho. Éstos son los casos de la apropiación hereditaria. Finalmente,

3) puede suceder que el ostentador pueda más o menos libremente enajenar sus derechos mediante un acuerdo a personas específicas o a cualquiera de su elección. Esto es la apropiación enajenable. Al partícipe de una relación social cerrada lo denominamos *socio (Genosse);* en caso de que su participación esté regulada de modo que se garanticen las ventajas apropiadas, lo denominamos *socio con derecho (Rechtsgenosse)*. Los derechos apropiados que son disfrutados por individuos a través de la herencia o por grupos de herederos (sean sociedades o comunidades) los denominamos *propiedad (Eigentum)* de los individuos o de los grupos en cuestión; la apropiación enajenable la llamamos propiedad *libre*.

Esta «laboriosa» definición, aparentemente inútil, de estos conceptos es un ejemplo de que solemos «pensar» muy poco lo «evidente» porque está intuitivamente arraigado.

1. *a)* Las comunidades cerradas sobre una base tradicional suelen ser, por ejemplo, aquellas en las que su pertenencia se basa en relaciones familiares.

b) Las comunidades cerradas sobre una base afectiva suelen ser relaciones basadas en sentimientos personales, por ejemplo, relaciones eróticas o de lealtad personal.

c) Las comunidades cerradas sobre la base de una *Wertrationalität* suelen ser comunidades en que se participa de unas creencias explícitas.

d) Comunidades cerradas sobre la base de una racionalidad instrumental son las asociaciones económicas de carácter monopolista o plutocrático.

Algunos ejemplos elegidos al azar:

10. Relaciones sociales abiertas y cerradas

El carácter cerrado o abierto de una sociedad de conversación depende del contenido. La conversación general tiende hacia una sociedad abierta, a diferencia de la conversación íntima o de la información oficial. La relación de mercado suele ser, en principio, abierta. En muchas sociedades y comunidades observamos un *cambio* entre la apertura y el carácter cerrado; por ejemplo, en los gremios, en las ciudades democráticas de la Antigüedad y de la Edad Media, en donde sus miembros a veces propugnaban la máxima ampliación para garantizarse sus oportunidades mediante el poder, y a veces propugnaban la limitación del número de miembros para favorecer su monopolio. Lo mismo ocurría a menudo en las comunidades monacales y en las sectas, que pasaban de la difusión religiosa a la cerrazón para mantener elevados los niveles éticos o también por motivos materiales. De manera similar, la ampliación del mercado para aumentar las ventas se yuxtapone a la limitación monopolista del mercado. El fomento de la extensión de una lengua es actualmente una consecuencia normal de los intereses de los escritores y editores, a diferencia de las tendencias de otros tiempos de mantener peculiaridades lingüísticas en algunos grupos e incluso lenguas secretas.

2. El grado y los medios de regulación y de exclusión de terceros pueden ser muy distintos, de modo que la transición de una situación abierta a una situación de regulación y exclusión es gradual. Las condiciones de participación pueden ser muy variadas: tests de admisión y períodos de probación, requisito de posesión de una participación que puede ser comprada bajo determinadas condiciones, elección de nuevos miembros mediante *ballotage,* pertenencia o admisión

en virtud de nacimiento (hereditaria) o en virtud de la realización de determinadas actividades abiertas a cualquiera; en el caso de la exclusión y de la apropiación hacia dentro, la participación puede depender de la adquisición de un derecho; hay muchas gradaciones en las condiciones de participación. La «regulación» y la «exclusión» de los de fuera son, por tanto, conceptos relativos. Hay muchas gradaciones entre un club exclusivo, una representación teatral cuya entrada se puede comprar y la asamblea de un partido político a la que se convoca a través de la publicidad. De manera similar hay asimismo gradaciones entre un servicio religioso abierto a cualquiera, el de una secta y los misterios de un culto secreto.

3. La exclusión *en el interior del grupo,* entre los mismos miembros entre sí, puede adoptar asimismo formas muy distintas. Por ejemplo, una casta, un gremio o un grupo de la Bolsa de valores cerrados hacia el exterior pueden permitir a sus miembros respectivos que tengan una competencia libre entre ellos en torno a las oportunidades monopolizadas o pueden limitar a cada miembro determinadas ventajas, como la clientela, o determinadas oportunidades del negocio, para toda la vida o hereditariamente, como en el caso de la India. De manera similar, una comunidad de colonos *(Markgenossenschaft)* cerrada hacia fuera puede asignar a cada colono el uso libre del suelo o un contingente limitado estrictamente a una familia. Una comunidad de colonos puede conceder y garantizar la libre utilización del suelo o la propiedad de una cantidad determinada de terreno. Históricamente, por ejemplo, la exclusión interna de las expectativas a un feudo, a una prebenda o a un cargo y la apropiación por parte de quienes

la disfrutan han revestido las más diversas formas; de manera similar las expectativas para un puesto de trabajo y su posesión pueden ascender desde el *close shop* hasta el derecho a un puesto concreto. La evolución de los «consejos de obreros» *podría* ser un primer paso en esa dirección –no es que tenga que serlo–. El paso previo es la prohibición del despido sin la aprobación de los representantes de los obreros. Todos estos detalles tienen que verse en análisis concretos. Se da el grado máximo de posesión en propiedad en aquellos casos en los que se le garantiza al individuo, o a un grupo determinado de individuos, como por ejemplo la comunidad doméstica, los linajes, las familias, que 1), en caso de muerte, está regulado por el ordenamiento el paso a otras manos, y 2) que los titulares de esta posibilidad pueden transmitirla libremente a terceros, que se convierten *de esta manera* en miembros de la relación social; esta situación es al mismo tiempo, en el caso de que se llegue a una *Appropiation* completa en el interior del grupo, una relación relativamente *abierta hacia fuera,* por cuanto *no* condiciona la adquisición de la condición de miembro a su aprobación por parte de los otros socios con un derecho *(Rechtsgenossen).*

4. El *motivo* de la exclusión puede ser:

a) Mantener alto el nivel de calidad y a través de esto, eventualmente, del prestigio y del honor que va unido a ello y (eventualmente) de los beneficios. Ejemplos: comunidades de monjes (concretamente de monjes mendicantes, por ejemplo en la India), comunidades de ascetas, sectas como los puritanos, asociaciones de soldados, de funcionarios y asociaciones de ciudadanos (por ejemplo, en la Antigüedad), gremios de artesanos;

b) la escasez de oportunidades en relación con las necesidades de consumo *(Nahrungsspielraum)*. Un ejemplo es el monopolio del consumo: el arquetipo es la comunidad urbana de subsistencia;

c) la reducción de las oportunidades de adquisición *(Erwerbsspielraum):* el monopolio comercial. Su arquetipo son las asociaciones gremiales o los antiguos monopolios de la pesca, etc.

Usualmente el motivo *a)* se combina con el *b)* o el *c)*.

11. La imputación de la acción. La representación

Una relación social puede tener la siguiente consecuencia para sus miembros sobre la base de un orden tradicional o un orden instituido: que algunas clases de acciones de *cada* partícipe se impute a *todos* los otros miembros, en cuyo caso hablamos de «miembros solidariamente responsables»; o que la acción de ciertos miembros (los «representantes») sea *imputada* a los demás (los «representados»), de modo que tanto los beneficios como las desventajas caigan sobre estos últimos. De acuerdo con el orden vigente, a) el poder de representación puede ser poseído en su plenitud por una autoridad que se nombre a sí misma; b) o puede ser conferido de acuerdo con características particulares con carácter permanente o temporal; o c) puede ser transferido mediante determinados actos de los miembros o de personas de fuera, con carácter temporal o permanente (es el caso de la delegación de plenos poderes). Sobre las condiciones bajo las que las relaciones sociales de sociedad o de comunidad pueden considerarse como solidarias o representativas, sólo se puede decir con carácter general lo siguiente: una de las condiciones más decisivas es el grado en el que la acción del grupo tenga como objetivo un conflicto violento o un intercambio pacífico; pero en este punto son decisivas otras circunstancias específicas, que sólo se pueden ver en un análisis concreto. Cuando menos surgirá esta consecuencia es en las situaciones en que persiguen bienes *ideales* con medios pacíficos. Con frecuencia el grado de exclusión hacia fuera está muy relacionado con el desarrollo de una responsabilidad solidaria o con una responsabilidad de representación. Pero no siempre ocurre esto.

1. La «imputación» puede significar en la práctica dos cosas:
   a) Una responsabilidad solidaria activa y pasiva. Todos los miembros son considerados responsables por la acción de un miembro tanto como lo es este último, y todos los miembros están legitimados para disfrutar de los beneficios de aquella acción como lo está el miembro que la hace. Esta responsabilidad puede existir respecto a dioses y espíritus, es decir, puede tener una orientación religiosa; o puede ser una responsabilidad ante seres humanos, regulada jurídica o convencionalmente. Ejemplos de regulación convencional son la venganza de sangre realizada por y contra miembros del grupo y represalias contra los habitantes de una ciudad o de un país agresores; ejemplos de regulación jurídica son el castigo formal de los parientes y de los miembros de la familia o del municipio, o responsabilidad personal por deudas de los miembros de una familia o de los comerciantes entre

sí. La responsabilidad solidaria ante los dioses ha tenido consecuencias históricas muy significativas. Por ejemplo, en la comunidad israelí antigua, en la cristiana de los primeros tiempos y en la comunidad puritana de los comienzos.

b) La imputación puede significar solamente, por otra parte, que los partícipes en una relación social cerrada, en virtud de un orden de índole tradicional o legal, aceptan como *legalmente* obligatorias las disposiciones de cualquier índole que tome un representante, especialmente las de carácter económico. Ejemplos de esto son la «validez» (obligatoriedad) de las disposiciones de la «presidencia» de una organización voluntaria o las de un representante de una organización política o económica sobre los recursos que, de acuerdo con su orden, tienen que servir a los «fines del grupo».

2. La responsabilidad «solidaria» se da en los siguientes casos:

a) En comunidades tradicionales basadas en el nacimiento o en la vida en común; por ejemplo, la familia y la estirpe;

b) en relaciones sociales cerradas, que mantienen una posición monopolista mediante su propia fuerza; el ejemplo típico es la asociación política, especialmente en el pasado, pero también en la actualidad sobre todo en tiempos de guerra;

c) en sociedades empresariales, cuyos partícipes dirigen personalmente el negocio; el ejemplo típico es la sociedad mercantil;

d) en algunos casos, las sociedades obreras; el ejemplo típico es la *artjel* [rusa]. La «representación» se encuentra sobre todo en las mancomunidades *(Zweckvereinen)* y en las organizaciones con organización legal, especialmente cuando reúnen y administran un fondo afectado a fines específicos *(Zweckvermögen)*. Sobre esto se hablará más tarde en la sociología del derecho.

3. El poder de representación se confiere de acuerdo con determinadas «características» cuando se concede, por ejemplo, por la edad o por otros datos similares.

4. No es posible desarrollar las particularidades de este tema en términos generales; su elaboración hay que reservarla para los análisis sociológicos detallados. El fenómeno más antiguo y más universal en este campo es la *represalia,* entendida tanto como venganza que como ataque para defenderse de futuros daños.

12. Concepto y tipos de organización

Llamamos organización *(Verband)* a una relación social cerrada o a una relación social restringida hacia personas de fuera por una regulación, cuando el cumplimiento de su orden está garantizado por el comportamiento de unas personas determinadas dirigido precisamente a la realización de aquél, es decir, garantizado por la actuación de un *dirigente* y, eventualmente, de un *aparato administrativo* que dispone normalmente, al mismo tiempo, de un poder de representación. La dirección o la participación en el aparato administrativo –*los poderes ejecutivos*– pueden *a)* ser poseídas en propiedad o *b)* estar atribuidas por el orden vigente de la organización a determinadas personas o a personas seleccionadas atendiendo a determinadas características o de determinada forma, con carácter permanente o temporal y para determinados casos. Llamamos «acción de la organización como tal organización»:

a) A la acción legítima del propio aparato administrativo, referida a la ejecución del orden en virtud de los poderes ejecutivos o del poder de representación, y

b) a la acción de los miembros de la organización *dirigida* por el aparato administrativo.

1. Para el concepto de organización no aporta ninguna diferencia el que se trate de una comunidad o una sociedad. Debe bastar la presencia de un «dirigente» –un cabeza de familia, un comité directivo de la asociación voluntaria, un director-gerente, un príncipe, un presidente del Estado, la cabeza de la Iglesia–, cuya acción esté dirigida a la ejecución del orden de la organización. Este tipo específico de *acción* –que la acción no sólo se guíe por el orden sino que esté dirigida a *imponerlo*– le añade a la «relación social» cerrada una nueva e importante característica desde el punto de vista sociológico. Pues no es «organización» cualquier sociedad ni cualquier comunidad. No es «organización», por ejemplo, una relación erótica ni una comunidad de estirpe sin un dirigente.

2. La «existencia» de una organización depende totalmente de la «presencia» de un dirigente y eventualmente de un aparato administrativo. Esto quiere decir, en términos más precisos, que depende de que exista la *probabilidad* de que determinadas personas *actúen* para ejecutar el orden de la organización, es decir, que existen personas «dispuestas» para actuar en su caso en ese sentido. *Desde el punto de vista conceptual* es indiferente, en principio, el fundamento en que se apoye la actitud de estas personas: es indiferente que se apoye en una disposición de carácter tradicional o reacti-

vo o de carácter racional relacionado con valores (por ejemplo, un deber vasallático, un deber del cargo o del servicio) o que se apoye en una disposición de carácter racional «instrumental» (por ejemplo, en el interés por el sueldo, etc.). En nuestra terminología, y desde el punto de vista sociológico, la organización no «consiste» más que en la probabilidad de que se desarrolle esa acción guiada de esa manera. Si no existe la probabilidad de que la acción sea realizada por un aparato personal determinado, o por una determinada persona individual, sólo existirá, en nuestra terminología, una «relación social», pero no un «organización». Pero siempre que exista la probabilidad de esa acción, «existirá», desde el punto de vista sociológico, la organización, *aunque cambien las personas* que estén orientando sus acciones por el orden en cuestión. (La definición que damos pretende precisamente incluir directamente *este* fenómeno.)

3. *a)* Además de la acción del aparato administrativo mismo o de la que se realiza bajo su dirección, puede desarrollarse asimismo una acción específica de los miembros de la organización, una acción tipo, que se guíe por el orden de la organización para garantizar la ejecución del orden (por ejemplo, contribuciones o servicios de carácter personal de toda índole, como actuar de jurados, prestar el servicio militar, etc.).

b) El orden vigente también puede contener normas que guíen la acción de los miembros de la organización en *otras materias* distintas de la de la organización como tal. Por ejemplo, normas de derecho «civil». Éste sería el caso de un Estado que incluyera normas sobre acciones de «economía privada» no dirigidas a la realización del orden vigente como tal, sino a intereses particulares.

Los casos del apartado *a*) pueden denominarse «acciones referidas a los asuntos de la organización» y los casos del apartado *b*) pueden denominarse acciones sometidas a *regulación* por parte de la organización. Sólo llamaremos «acción de la organización como tal» a las acciones del aparato administrativo mismo y además a todas las acciones relacionadas directamente con la organización *dirigidas* por el aparato. «Acción de la organización» sería, por ejemplo, para todos los miembros una guerra que «hiciera» el Estado o una «moción» que decidiera la presidencia de la organización, un «contrato» que hiciera el dirigente y cuya «obligatoriedad» se impone a los miembros de la organización y a ellos se les imputa (cap. 11). También el desarrollo de la «jurisdicción» y el de la «administración» pertenecen a esta categoría (véase también el cap. 14).

Una organización puede ser autónoma o heterónoma, autocéfala o heterocéfala. Autonomía significa que el ordenamiento de la organización no ha sido instituido por personas externas a la organización –como ocurre en la heteronomía–, sino que lo ha sido por los miembros de la organización en virtud de su cualificación (con independencia de cómo se produzca esta última). La autocefalia significa que el dirigente y el aparato administrativo son nombrados de acuerdo con el propio ordenamiento de la organización y no por personas de fuera, como ocurre en la heterocefalia (con independencia de cómo se hagan los nombramientos de los cargos).

Un ejemplo de heterocefalia, por ejemplo, es el nombramiento de los *governors* de las provincias canadienses por el gobierno central de Canadá. Una organización heterocefálica puede ser autónoma y una autocefálica puede ser heterónima. Una organización puede ser también, en ambos aspectos, *en parte* lo uno y en parte lo otro. Los Estados federados alemanes, autocefálicos, eran heterónimos en las competencias del Reich, a pesar de su autocefalia, y eran autónomos dentro de sus propias competencias, por ejemplo en los asuntos escolares y en los asuntos de las iglesias. Alsacia-Lorena era autónoma en Alemania a un nivel limitado, pero era heterocefálica, pues el emperador nombraba a su *gobernador*. Todas estas situaciones pueden darse en parte al mismo tiempo. Una organización que sea *tanto* heterónoma *como* heterocefálica habrá que denominarla por regla general como una «parte» de una organización más amplia (como, por ejemplo, un «regimiento» dentro de un ejército). Si se da este caso, lo importante es el *nivel* real de autonomía con que se actúe en el caso concreto, y desde el punto de vista terminológico es una pura cuestión de conveniencia.

13. El ordenamiento de una organización

El ordenamiento estatuido de una sociedad puede surgir *a*) por un acuerdo libre, o *b*) por la imposición del ordenamiento y la sumisión a él. El poder gubernativo de una organización puede valerse de su fuerza legítima para imponer un nuevo ordenamiento. Llamamos *constitución* de una organización a la probabilidad *real* de que se produzca la sumisión al poder de *imposición* del poder gubernativo existente de conformidad con sus condiciones, extensión e índole. Entre estas condiciones puede figurar en concreto darles audiencia o aprobación a determinados grupos o a fracciones de los miembros, además naturalmente de cualquier otra condición.

El ordenamiento de una organización puede imponerse además de a sus miembros a quienes no lo sean, si reúnen determinadas *características*. Una de estas características puede ser la referencia territorial (nacimiento o residencia o realización de ciertas actividades dentro del territorio). Es lo que podemos llamar «validez territorial» del ordenamiento. A una organización cuyo ordenamiento imponga una validez territorial la llamamos «organización territorial», con independencia de que su ordenamiento *solamente* pretenda tener «validez territorial» sobre los miembros de la organización (lo cual es posible y sucede al menos de manera limitada).

1. En nuestra terminología, un ordenamiento impuesto es *todo aquel* ordenamiento que no haya sido aprobado personal y libremente por todos los miembros. Según esto, el «acuerdo de la mayoría», al que se somete la minoría, es también un ordenamiento impuesto. De aquí que la legitimidad de la decisión de la mayoría no fuera reconocida o fuera problemática durante mucho tiempo (en los estamentos medievales y, en el presente, en la «comuna rural» [*Obschtchina*] rusa).

2. Incluso los acuerdos formalmente «libres» son a menudo realmente impuestos, como es sabido, por ejemplo, en la «comuna rural» rusa. Para la sociología sólo cuenta la situación *real*.

3. El concepto de «constitución» que utilizamos aquí es el que utilizó Lassalle. No es una constitución «escrita» ni coincide tampoco con la constitución en el sentido jurídico. La única cuestión sociológica importante es la de cuándo, para qué objetos y *dentro de qué límites* y, eventualmente, bajo qué circunstancias concretas *obedecen* los miembros de la organización al dirigente, por ejemplo, si por acuerdo del cuerpo electoral o por aprobación de los dioses o de los sa-

cerdotes. Y también bajo qué circunstancias están a las órdenes del dirigente de la organización el cuerpo administrativo y la acción de la organización como tal, cuando aquél «da órdenes» o cuando impone un ordenamiento concreto.

4. El tipo principal de «validez territorial» de un ordenamiento está representado en las «organizaciones políticas territoriales» por el derecho penal y por algunos otros «principios del derecho», en los que el nacimiento, la residencia, el lugar de la actividad, el lugar del cumplimiento, etcétera, dentro del territorio controlado por la organización son requisitos para la aplicación del ordenamiento (cfr. el concepto de «corporación territorial» de Gierke y Preuss).

14. Ordenamiento administrativo y ordenamiento regulativo

Llamamos *ordenamiento administrativo* al ordenamiento que regula la acción de la organización *(Verbandshandeln)*. Llamamos *ordenamiento regulativo* al ordenamiento que regula otras clases de acciones diferentes y que les *garantiza* a los agentes las oportunidades que esa regulación les ha abierto. En la medida en que una organización se guíe solamente por un ordenamiento de la primera clase, es una organización administrativa, y en la medida en que se guíe solamente por el otro tipo de ordenamiento, es una organización regulativa.

1. Evidentemente, la mayoría de las organizaciones es tanto lo uno como lo otro. Como organización *exclusivamente* regulativa se podría pensar, por ejemplo, un «Estado de derecho» con un *laissez faire* radical, lo que, por supuesto, implicaría dejar la regulación del dinero a la economía privada.

2. Sobre el concepto de «acción de la organización», véase capítulo 12.

3. En el concepto de «ordenamiento administrativo» se incluyen todas las normas que regulen tanto el comportamiento del aparato administrativo como la relación de los miembros «con la organización», como se suele decir; es decir, que regulan el comportamiento dirigido a los fines que el ordenamiento trata de garantizar mediante una acción del aparato administrativo y de los miembros de la organización expresamente prescrita y *planeada*. En una organización económica totalmente comunista, *toda* la acción social tendría ese carácter, mientras que en un Estado de derecho puro sólo se incluirían bajo este concepto la actuación de los jueces, de la policía, de los jurados, de los soldados y de los legisladores y los electores. La distinción entre un ordenamiento administrativo y un ordenamiento regulativo coincide por lo general, aunque no siempre en el detalle concreto, con la distinción existente entre «derecho público» y «derecho privado» en un «Estado».

15. «Acción continua» y «organización de carácter continuo», organización de carácter voluntario, organización de carácter institucional

Llamamos «acción continua» *(Betrieb)* a una actividad de determinada índole con carácter continuo para el logro de un *fin;* y llamamos «organización de carácter continuo» *(Betriebsverband)* a una sociedad con un aparato administrativo que realiza una acción continuada para el logro de un fin.

Llamamos organización de carácter voluntario *(Verein)* a una organización cuyo ordenamiento estatuido sólo pretende tener validez para sus miembros en virtud de que han ingresado personalmente en la asociación voluntaria.

Llamamos «organización de carácter institucional» *(Anstalt)* a una organización cuyo ordenamiento estatuido se le impone con éxito (relativo) a cualquiera que reúna determinadas características dentro de un ámbito determinado.

1. El concepto de «acción continua» *(Betrieb)* se aplica también naturalmente a las actividades ejecutadas por las organizaciones políticas y eclesiásticas o por las asociaciones voluntarias, etc., en la medida en que esté presente la característica de esta continuidad dirigida al logro del fin.

2. *Verein* y *Anstalt* son, ambas, organizaciones con un ordenamiento estatuido *racionalmente,* o, dicho más correctamente, *en la medida en que* una organización tenga un ordenamiento racionalmente estatuido puede ser «organización de carácter voluntario» *(Verein)* u «organización de carácter institucional» *(Anstalt).* Una organización institucional *(Anstalt)* es el Estado con todas sus organizaciones heterocéfalas, y organización institucional es también la Iglesia, en la medida en que tiene un ordenamiento estatuido racionalmente. El ordenamiento de una «institución» pretende ser obligatorio para cualquiera que *reúna* determinadas características (nacimiento, residencia, uso de determinadas instalaciones), con independencia de que el afectado haya ingresado voluntariamente –como sí ocurre en la «organización de carácter voluntario» *(Verein)*– y de que haya participado en la elaboración de las normas de la institución. En ese sentido su ordenamiento es *impuesto.* Una organización de índole institucional *puede* ser en concreto una «organización territorial».

3. La oposición entre «organización de carácter voluntario» y «organización de carácter institucional» es *relativa,* pues el ordenamiento de una organización de carácter voluntario puede afectar también a los intereses de terceros. A éstos se les puede imponer que reconozcan la obligatoriedad del or-

denamiento por un acto arbitrario de la organización de carácter voluntario o mediante usurpación o mediante un ordenamiento legalmente estatuido (un ejemplo de esto último es el derecho accionario en la sociedad anónima).

4. No es necesario insistir en que la «organización de carácter voluntario» y la «organización de carácter institucional» no agotan en absoluto la *totalidad* de las organizaciones concebibles. Hay que señalar además que la «organización de carácter voluntario» y la «organización de carácter institucional» son dos «polos» extremos, como lo son, en el terreno religioso, la «secta» y la «iglesia».

16. Poder/Dominación *(Macht, Herrschaft)*

Macht («capacidad de imposición») significa la probabilidad de imponer en una relación social la voluntad de uno, incluso contra la resistencia del otro, con independencia de en qué se apoye esa probabilidad.

Denominamos *Herrschaft* («poder estructurado») a la probabilidad de que determinadas personas obedezcan una orden con un contenido determinado.

Denominamos *disciplina* a la probabilidad de que un número determinado de personas preste obediencia automática y rápida a una orden, en virtud de una actitud arraigada por la práctica.

1. El concepto de *Macht* no nos dice nada desde un punto de vista sociológico. Cualquier cualidad concebible en una persona o cualquier situación concebible pueden ponerle a uno en situación de poder imponer su voluntad en una situación concreta. Por eso, el concepto sociológico de *Herrs*-

16. Poder/Dominación *(Macht, Herrschaft)*

chaft tiene que ser más preciso, significando solamente que una *orden* encuentra obediencia.

2. El concepto de «disciplina» incluye el carácter de «práctica rutinaria» de una obediencia *masiva,* acrítica y conformista.

Existe «poder» *(Herrschaft)* cuando existe *una persona* que manda con éxito *sobre otros,* pero no va unido necesariamente a que exista un aparato administrativo y un «grupo social organizado» *(Verband),* pero sí que exista, al menos en los casos usuales, *uno* de los dos. A una «organización» en la que sus miembros estén en cuanto tales sometidos a una *relación de poder* en virtud del ordenamiento vigente la denominamos «organización con un poder institucionalizado» *(Herrschaftsverband).*

1. El *paterfamilias* manda sin un aparato administrativo. El cacique beduino, que cobra una contribución a las caravanas, a las personas y a los bienes que pasan por su fortaleza, manda mediante su séquito, que le sirve de aparato administrativo, sobre personas indeterminadas y diferentes, que no pertenecen a una misma «organización», pero que han caído en una situación determinada. (Teóricamente sería posible un poder semejante por parte de uno solo sin ningún aparato administrativo.)

2. Una «organización» es siempre, en virtud de que cuenta con un aparato administrativo, en algún grado una «organización con un poder institucionalizado». Lo que ocurre es que el concepto es relativo. La «organización con un poder

institucionalizado» normal es como tal también una «organización de índole administrativa». La particularidad de la «organización» proviene de varios factores: del modo como se administra, de las características del aparato personal que administra, de las materias sobre las que se ejerce la administración y de la extensión hasta donde llega el poder. Los dos primeros factores dependen en gran medida del tipo de *legitimidad* del poder.

17. Organización política, organización hierocrática

Llamamos «organización con un poder institucionalizado de carácter político» *(politischer Verband)* a una organización con poder institucionalizado si, y en la medida en que, un aparato administrativo garantice, con el uso o con la amenaza de la coacción *física,* la existencia y la validez de sus ordenamientos, dentro de un determinado *territorio* y de manera continuada.

Llamamos Estado a una «organización de carácter institucional permanente y carácter político» si, y en la medida en que, su aparato administrativo se vale con éxito del *monopolio* de la coacción física *legítima* para el cumplimiento del ordenamiento.

Hablamos de que una acción social, y en concreto una acción de la organización, tiene «una orientación política» si, y sólo si, pretende ejercer una influencia sobre la dirección de una «organización con un poder institucionalizado de carácter político», en concreto si pretende expropiar o apropiarse de los poderes gubernativos o atribuirlos o distribuirlos de un modo distinto (de manera no violenta).

Llamamos «organización hierocrática» *(hierokratischer Verband)* a una «organización con un poder institucionalizado» si, y sólo si, para garantizar su ordenamiento se utiliza la coacción psíquica mediante la concesión o denegación de los bienes de la salvación (coacción hierocrática). Llamamos *Iglesia* a una «organización de carácter institucional permanente y carácter hierocrático» si, y sólo si, su aparato administrativo se vale del *monopolio* de la coacción hierocrática legítima.

1. En las «organizaciones con un poder institucionalizado de carácter político» la violencia no es, evidentemente, ni el único medio administrativo ni tampoco el medio normal. Los dirigentes de estas organizaciones políticas han utilizado, más bien, todos los medios posibles para la realización de sus objetivos. Pero la amenaza y, eventualmente, su aplicación es su medio *específico* y siempre la *ultima ratio,* cuando fallen los otros medios. No sólo las «organizaciones con un poder institucionalizado de carácter político» han utilizado la violencia como medio *legítimo,* y la utilizan, sino también las familias, los linajes, las hermandades y en la Edad Media a veces los que tenían derecho a portar armas. Una «organización con un poder institucionalizado de carácter político» se caracteriza, *además de* por utilizar la violencia para garantizar el «ordenamiento» (o de utilizarla también, al menos, para ello), por el hecho de que se vale del poder de su aparato administrativo y de su ordenamiento para un *territorio* determinado *y* lo garantiza con la violencia. Siempre

17. Organización política, organización hierocrática

que una «organización con un poder institucionalizado de carácter político» que utilice la violencia reúna estas características hay que denominarla, *en ese sentido,* una «organización política» *(politischer Verband),* sea una comunidad rural o incluso una comunidad familiar o un gremio o una organización obrera (los «consejos» obreros).

2. No es posible definir las «organizaciones políticas» –tampoco al «Estado»– por el *fin* de su acción como organización. No ha existido ningún fin, desde la provisión de alimentos hasta la protección del arte, que no haya sido pretendido en algunas ocasiones por las «organizaciones políticas». Y no existe ningún fin, desde garantizar la seguridad personal hasta la justicia, que no haya sido pretendido por *todas* las «organizaciones políticas». Por eso, sólo se puede definir el carácter «político» de una «organización con un poder institucionalizado de carácter político» por el *medio* que, sin ser exclusivo de él, es sin embargo específico e *imprescindible* para su ser: la violencia.

Esta definición no coincide plenamente con el uso del lenguaje, y éste no es utilizable sin alguna precisión. Se habla de la «política de divisas» del banco emisor, de la «política financiera» que tiene la dirección de una «organización de carácter voluntario», de la «política escolar» de un municipio, y con ello se está diciendo que un asunto determinado está siendo tratado y dirigido de un modo sistemático. De manera aun más particular se distingue entre el aspecto o la trascendencia «política» de un asunto y otros aspectos económicos, culturales, religiosos, etc. También se hace una diferencia entre el funcionario «político», el periódico «político», la revolución «política», la «organización "política" de carácter voluntario», el partido «político», las consecuencias «políticas» y otros aspectos económicos, etc. Con el calificativo de «político» se está haciendo referencia a todo aquello que tiene que ver con las relaciones de poder dentro de lo que aquí llamamos «organización con un poder institucionalizado de carácter político», el Estado. Es decir, tiene que ver con todo aquello que puede fomentar, impedir, mantener, cambiar o desplazar las relaciones de poder, y no con personas, cosas y procedimientos que no tienen nada que ver con estas relaciones de poder. En este uso del lenguaje, por tanto, se busca lo común a todos esos fenómenos asimismo en el *medio,* en el «poder», es decir, en el *modo* precisamente como lo ejercen los poderes estatales, prescindiendo del fin al que el poder sirva. Por ello se puede afirmar que la definición que hemos dado sólo hace una precisión al uso del lenguaje, acentuando lo realmente específico, la violencia (existente o eventual). Está claro que el uso común del lenguaje llama «organizaciones políticas» no sólo a los ostentadores de la violencia considerada legítima, sino también a los partidos y a los clubes que pretendan tener una influencia sobre la acción de la «organización con un poder institucionalizado de carácter político» (una influencia claramente *no* violenta). Nosotros, sin embargo, preferimos denominar a este tipo de acción social una «acción con *orientación* política», diferenciándola de la acción auténticamente «política», es decir, de la acción como tal de las «organizaciones con un poder institucionalizado de carácter político» en el sentido del epígrafe 12, apartado 3.

3. Es aconsejable definir el concepto de *Estado* de acuerdo con su tipo moderno, porque el Estado en su desarrollo

17. Organización política, organización hierocrática

completo es totalmente moderno, pero de nuevo aquí haciendo abstracción de los diferentes fines del Estado que estamos conociendo en la actualidad. El *Estado* de hoy tiene la característica formal de ser un ordenamiento jurídico y administrativo, transformable mediante normas, por el que se guía la organización de la acción del aparato administrativo –ordenado igualmente mediante normas–. Es un ordenamiento que pretende tener validez no sólo para los miembros del «grupo social organizado» *(Verband)* que forman parte de él por nacimiento, sino para toda acción que tenga lugar en el territorio dominado. Es decir, el Estado de hoy es una organización institucional de carácter territorial, pero presenta además la característica de que hoy sólo existe violencia «legítima» en la medida en que el ordenamiento estatal la permite o la ordena. Un ejemplo de esto es que al padre de familia le permite un «derecho disciplinario», que es un residuo del otrora poder *(Gewaltsamkeit)* del padre de familia, que gozaba de legitimidad propia y que disponía de la vida y la muerte de los hijos y de los esclavos. Este carácter monopolista del poder estatal es una nota esencial de su situación presente como lo es su carácter de «institución» racional y de «organización» permanente.

4. En el concepto de «organización hierocrática» no es relevante el *tipo* de bienes de salvación que se ofrezcan –si son terrenales o del más allá, materiales o espirituales–. Sólo es relevante el hecho de que la distribución de esos bienes constituya el fundamento del *poder (Herrschaft)* espiritual sobre los hombres. El concepto de «Iglesia», sin embargo, y de acuerdo con el uso corriente –y adecuado– del lenguaje, se caracteriza por ser una organización institucional y per-

manente de índole (relativamente) racional –la cual se pone de manifiesto en su ordenamiento y en su aparato administrativo– y por *pretender* un monopolio del poder. De acuerdo con esta *pretensión* de la institución eclesiástica, la Iglesia tiene un poder hierocrático *territorial* y una organización territorial, pero en cada caso concreto se responde de distinta manera a la cuestión de con qué medios se le da eficacia a esa pretensión del monopolio de poder. Pero, a diferencia de las «organizaciones políticas», para las Iglesias nunca ha sido un cuestión esencial, ni en la historia ni en la actualidad, el monopolio real de un poder *territorial*. El carácter de «institución» que tiene la Iglesia, especialmente la circunstancia de que se «nace» dentro de una Iglesia, la diferencia de la «secta», cuyo carácter radica en que es una «organización de carácter voluntario», que sólo acepta a personas que reúnan determinadas características religiosas. (Más detalles en la *Sociología de la religión.)*

Glosario

Acción humana. Acción social. La acción humana abarca todos los comportamientos del hombre a los que éste le atribuye un significado, es decir, sólo una parte del comportamiento humano es «acción humana». Quedan fuera de la «acción humana» los comportamientos puramente reactivos, no intencionales, y los procesos biológicos sin un significado asignado por los sujetos. La acción social es aquella parte del comportamiento humano que, tanto en su significado como en su desarrollo, está referido al comportamiento de los otros. Son acción social aquellas acciones humanas en las que el agente organiza su comportamiento de acuerdo con la expectativa de que los otros se comporten de una cierta manera. El concepto de acción social es el concepto básico de la sociología para Weber. Los tipos de acción social son: racional-instrumental (*zweckrational*), *wertrational*, tradicional y emocional.

BGB, sigla del *Bürgerliches Gesetzbuch*. Código civil alemán, en vigor desde 1901. Los artículos 157 y 242 del Código que menciona Weber se refieren a la buena fe en la interpretación de los contratos y en el pago de la deuda. El artículo 157 dice que «los contratos han de interpretarse con la buena fe que exigen las costumbres del comercio». El artículo 242 dice: «El deudor está obligado a cumplir su deuda como exige la buena fe en relación con las costumbres del comercio».

Comprensión. Comprender una acción humana, una acción social es, en Weber, conocer el significado o sentido de ese comportamiento. Comprendemos o interpretamos el significado cuando lo podemos explicar, y lo podemos explicar cuando podemos ver el enlace existente entre el motivo por el que se hace la acción y el propio desarrollo de ésta. Comprender/interpretar el significado es, por tanto, conocer el motivo de la acción. Esta comprensión/interpretación explicativa de la acción es una operación de índole racional, no psicológica o empática.

Correspondencia causal. Traduce el término *Kausaladäquanz*. Es el otro criterio –además del de «coherencia lógica»– a tener en cuenta para poder comprobar una hipótesis interpretativa sobre la relación entre un fenómeno cultural y el motivo o causa que lo origina. Hay «correspondencia causal» entre un fenómeno cultural y su motivo posible (teórico) cuando un análisis sistemático y controlado puede demostrar que efectivamente existe una relación estadística significativa de causa-efecto entre el motivo y el fenómeno cultural como tal. La «correspondencia causal» se refiere a la demostración real de que la «coherencia lógica» interna entre un fenómeno cultural y su causa se da efectivamente en la realidad empírica. En el caso de la relación entre la ética calvinista y el espíritu capitalista, por ejemplo, se trataría de la demostración empírica de que la ética calvinista ha generado en grupos de personas y en distintos lugares la mentalidad capitalista racional (moderna).

Coherencia lógica. Con esta expresión traducimos el término *Sinnadäquanz*, traducción que a veces reforzamos con «coherencia lógica interna». Es el primero de los criterios en el proceso de «comprender», un fenómeno de la cultura humana. Como «comprender» una acción humana consiste en conocer la relación existente entre el desarrollo de una acción y sus motivos, el primer criterio para poder establecer esa «comprensión» o «interpretación» es que se dé una «coherencia lógica» entre la acción y el motivo de la misma. Existe «coherencia lógica» cuando se puede establecer racionalmente que un determinado fenómeno es derivación de otro fenómeno, o que un fenómeno forma parte de un fenómeno más amplio. Cuando Max Weber se refiere en *Conceptos sociológicos fundamentales*, por ejemplo, a la ley de Gresham y dice que en su formulación existe una coherencia lógica, está indicando que hay una relación lógica de causa-efecto entre el fenómeno de que los hombres deseen atesorar riqueza y el fenómeno de retirar de la circulación las monedas de mayor valor. En la investigación de Max Weber sobre la ética protestante y el espíritu capitalista se puede afirmar que existe una coherencia lógica interna entre el fenómeno «mentalidad capitalista racionalista» y la ética calvinista, porque el fenómeno «mentalidad capitalista racional» se puede entender como una consecuencia, o derivación, de la ética calvinista, en cuanto que ésta estaría en el origen –siendo el motivo o causa– de la formación de aquélla. Comprender el significado de la «mentalidad capitalista» es conocer sus motivos o causa (la ética calvinista). Entre ambos fenómenos hay una «coherencia lógica» interna, que Max Weber va mostrando en su análisis de la ética calvinista (doctrina de la predestinación, modo de vida ascético derivado de la misma, es decir, modo de vida racional) y del «espíritu capitalista» (ganar dinero y convertir esta actividad en principio organizador de la vida).

Empatía. Traduce el término *Einfühlung*. También se ha traducido por «endopatía». Se trata del proceso psíquico que realiza una persona para conocer los contenidos de conciencia de otra persona. En este proceso no se trata de sentimientos sino de contenidos conscientes. El concepto de *Einfühlung* viene de Robert Vischer, que en 1873 lo utilizó en el contexto de la experiencia estética. El psicólogo Theodor Lipps definió el concepto como un «saber de los otros Yo». Según Lipps, los dos componentes fundamentales de la empatía son la proyección y la imitación. Por medio de la proyección, el sujeto extiende su propio ser a una realidad. Por medio de la imitación, el sujeto se apropia de ciertas formas de esa realidad. Lipps pensaba que sólo participando afectivamente en una obra de arte es posible «comprender» la obra. El concepto de «empatía» se llevó a otros campos distintos de la estética, concretamente a la psicología. Y Lipps señalaba a tal efecto que la empatía es el fundamento de la posibilidad de comunicación entre los hombres. Dilthey buscó en la psicología el fundamento del conocimiento histórico, en el sentido de que la descripción y el análisis de las regularidades que se presentan en la vida psíquica del hombre permiten comprender las actuaciones de los hombres en la historia. Weber, sin embargo, no basa el conocimiento sociológico de un fenómeno en el conocimiento del funcionamiento psicológico del ser humano. La explicación, por ejemplo, del «afán de lucro» en la actividad económica que quiere dar el sociólogo no es de índole psicológica, mientras que precisamente los caracteres psíquicos de ese «afán de lucro» constituirán seguramente un elemento importante para el biógrafo que escriba la vida de una persona metida en la actividad económica. La «empatía» como medio de conocimiento tiene en Weber un papel muy limitado, pues «no hay que ser César para conocer al César».

Gresham, ley de. Ley llamada así por el nombre del consejero de finanzas de la reina Isabel I de Inglaterra, sir Thomas Gresham, 1519-1579. Esta ley afirma que el dinero de peor calidad empuja fuera de la circulación al dinero de mayor calidad. En el supuesto de que alguien tenga la opción de poner en circulación dos o más monedas con el mismo valor nominal, esta persona utilizará por regla general en sus pagos la moneda con menor valor metálico y atesorará siempre que pueda la moneda de valor metálico más elevado. En la Edad Media era usual que quienes podían acuñar moneda utilizaran la depreciación de la moneda para llenar las arcas del Estado. La puesta en circulación de monedas de los Estados vecinos, reacuñadas o imitadas con una calidad menor, traía como consecuencia la pérdida de valor de la moneda y una subida de precios en los Estados afectados. De esta manera subía también el precio de los metales preciosos. Los comerciantes y los cambistas recogían las monedas de mayor valor metálico y las vendían en el extranjero, si el beneficio cubría o excedía los costes de transporte, de la acuñación y de la venta de la moneda. El comprador o emisor en el extranjero sólo podía permitirse el metal noble y los costes de acuñación reduciendo el contenido metálico de sus monedas o reacuñando las monedas extranjeras, obteniendo así un beneficio. Aun cuando la ley lleva el nombre de Gresham, algunos autores de comienzos del siglo XIV, como el francés Oresmes, ya habían utilizado argumentos que se referían a los efectos de esta ley.

Hermenéutica. Es un método de conocimiento que intenta entender el significado de fenómenos culturales (textos escritos, acontecimientos) con un procedimiento metódicamente organizado.

Herrschaft. Es éste uno de los conceptos fundamentales de Max Weber, que desarrolla sobre todo en la tercera parte de «Economía y Sociedad» *(Herrschaftssoziologie).* La traducción habitual al castellano ha sido la de «dominación» y cuando se habla de los *Herrschaftstypen* se traduce consiguientemente «tipos de dominación» (por ejemplo, en la edición en español de «Economía y Sociedad» en Fondo de Cultura Económica, México, 1944, 1964). El concepto sobre cuyo trasfondo se diferencia la «dominación» es el concepto de *Macht,* que Weber entiende como cualquier tipo de imposición de la voluntad de uno sobre la de otro individuo, aunque este otro se resista. Y *Macht* se suele traducir al castellano, en este contexto, por «poder». Creo, sin embargo, que la distinción en castellano entre «poder» y «dominación» no da cuenta de la contraposición entre *Macht* y *Herrschaft*. Una vez más es el contenido conceptual el que tiene que guiar la búsqueda del término castellano menos alejado, al menos, del contenido que se corresponde con los términos alemanes. Si con *Macht* denomina Weber la capacidad de imponer la propia voluntad tal cual y con *Herrschaft*, sin embargo, denomina la probabilidad de encontrar obediencia a la orden que uno da, está entendiendo *Herrschaft* básicamente como un «poder estructurado» o como una «estructura de poder» que permite esperar con toda probabilidad que una orden va a ser obedecida, porque hay un fundamento para ello. Podría decirse que, en castellano, «dominación» tiene esta connotación de estructura, de sistema, de organización del mando/obediencia, pero entonces hay que preguntarse si cuando se habla de «lucha por el poder», «conquista del poder» o «historia del poder» nos referimos a *Macht,* como imposición de la voluntad sobre el otro u otros. Evidentemente no, porque «poder» en estas expresiones se refiere obviamente a estructura de poder, a sistema o relaciones de poder. Quiero decir con ello que los dos términos «poder» o «dominación» podríamos utilizarlos para referirnos a un poder estructurado, a un sistema de poder/obediencia, perdiéndose en castellano la contraposición que, sin embargo, es expresa en Weber. Por esta razón yo hablo a veces, indistintamente, de poder o dominación al referirme a los «tipos» de relación entre mando y obediencia (tipos de dominación, tipos de poder). Lo importante es la diferencia entre poder que se ejerce de modo organizado, estructurado, y poder que se impone de manera no estable, arbitraria o no estructurada. Creo que la diferencia weberiana entre *Macht* y *Herrschaft* no se capta por diferenciar en español entre *poder* y *dominación*. De lo que se trata en *Herrschaft* es de una relación de poder estructurado, mientras que en *Ma-*

cht se hace referencia a un poder que se impone de modo que no se puede afirmar ningún criterio organizador de la relación, siendo, por tanto, en ese sentido, una mera imposición, un mero poder, sobre otro u otros. En inglés se ha traducido *Herrschaft* con distintos términos. Parsons utilizó últimamente *leadership* y, para un objetivo más concreto, *authority*. En su traducción de Weber (1947) tomó la expresión *imperative control*. Reinhard Bendix, por su parte, y Max Rheinstein y Edward Shils (*Max Weber on Law in Economy and Society,* Cambridge, Mass., 1954, traducción de algunos capítulos de «Economía y Sociedad») utilizan, por el contrario, *domination*. Parsons criticó la traducción por *domination* porque entiende que *domination* pone en un primer plano que el líder tiene un poder sobre sus seguidores, en vez de destacarse el principal elemento de la *Herrschaft,* que es la integración de la colectividad. Guenther Roth y Claus Wittich, traductores de «Economy and Society» (Nueva York, 1968), prefieren *domination,* pero dicen que en la tipología de la legitimidad se podría hablar de *authority*. Ambos términos, *domination* y *authority,* por tanto, podrían traducir *Herrschaft,* pero cada uno de ellos acentúa un matiz. Para el concepto de *Macht* reservan el de *Power*. La edición francesa de «Économie et société» (París, 1971, traducción de Julien Freund y otros) traduce «Herrschaft» por *Domination* y «Macht» por *Puissance* (no aparece *pouvoir*).

Historicismo. Una concepción que intenta comprender y explicar todos los fenómenos desde sus condiciones históricas.

Interpretación. *Véase* Comprensión.

Kausaladäquanz. *Véase* Correspondencia causal.

Orden legítimo. Un orden social, que está compuesto de regularidades estructurales y de la creencia de las personas en la validez justificada de estas regularidades. El fundamento de la legitimidad puede ser la tradición, una vinculación afectiva, una creencia racional en que la acción como tal tiene valor, o la legalidad.

Orden social. El hecho de que en un grupo social, organización o sociedad se pueda contar, en determinadas situaciones, con acciones que se repiten regularmente, con lo que las personas pueden esperar determinados comportamientos de los otros y calcular sus propios comportamientos con vistas a las acciones de las otras personas.

Organización. Traduce el término alemán *Verband*. A veces se ha traducido al castellano como «asociación» o «grupo social organizado». Lo podríamos traducir asimismo por «grupo social con una organización». Al traducirlo por «organización» ponemos en un primer plano las notas específicas del concepto weberiano de *Verband*. Como con *Verband* denomina Weber a una relación social, o grupo social, en la que su orden interno está garantizado por un dirigente y, eventualmente, un aparato administrativo, el término castellano «organización» puede remarcar que es la existencia de un dirigente o de un aparato administrativo lo que da a ese grupo social una protección de su ordenamiento interno propio, del que se excluye a terceros que no están dentro del «grupo social con organización». Si *Verband* se traduce por «asociación», se plantean dificultades terminológicas para distinguirla de otros conceptos que aparecen en los tipos de «asociación». *Verein,* por ejemplo, que es un tipo de *Verband* caracterizado por su pertenencia voluntaria, suele traducirse igualmente por «asociación», «sociedad», no sabiéndose entonces cuál es el concepto más amplio y cuál el más específico. Como todas estas traducciones no sólo son posibles sino que se utilizan frecuentemente como intercambiables, lo importante sería, de nuevo, que el término o términos elegidos en castellano nos acercaran lo más posible al contenido conceptual de los términos weberianos. Como el contenido de *Verband,* en Weber, es la existencia de una dirección y, eventualmente, de un aparato administrativo, es decir, que ese grupo social tiene una estructura organizativa clara, creo que «organización» se aproxima más claramente a ese contenido. Además, al ser una sola palabra –en vez de «grupo social con una organización», por ejemplo–, se puede operar mejor con ella en las combinaciones terminológicas que hace Weber. En la traducción inglesa de «Economía y Sociedad» (Max Weber, «Economy and Society». Ed. Günther Roth y Claus Wittich, Nueva York, 1968), *Verband* se ha traducido por *Organization*. En la traducción francesa (Max Weber, «Économie et société». Trad. de Julien Freund y otros, París, 1971) se ha traducido por *Groupement*.

Racionalismo. Doctrina de la teoría del conocimiento y de la ciencia según la cual no es la experiencia sensible sino el entendimiento el mejor camino para llegar al conocimiento. Según el racionalismo, la ratio, es decir, el pensamiento basado en la razón, tiene que estar tanto al comienzo como en el centro del proceso de investigación.

RZPO. Sigla de *Reichszivilprocessordnung*, Ley de enjuiciamiento civil, aprobada en 1877 en el Deutsches Reich, junto con otras leyes procesales que tenían como objetivo la unificación jurídica después de la unificación estatal alemana de 1870-1871. Las otras leyes eran: la Ley de enjuiciamiento criminal *(Strafprozessordnung)* y la Ley de planta de los tribunales *(Gerichtsverfassungsgesetz)*. El artículo 888, apartado 2, de la Ley de enjuiciamiento civil al que se refiere Weber en el texto dice: *Eine Androhung der Zwangsmittel findet nicht statt.*

Significado. Hemos traducido el término alemán *Sinn* por significado o por sentido. *Gemeinter Sinn* lo traducimos por «significado subjetivo» o por «significado pensado». Está claro que el significado de la acción que le interesa a Weber como objeto de estudio de la sociología es el significado subjetivo, es decir, el significado que las personas atribuyen o asocian a un comportamiento determinado. «Subjetivo» Weber lo opone a un significado objetivo, en el sentido de un significado «correcto» o «verdadero». Weber se pregunta por el significado que los sujetos dan a sus acciones, y en esta pregunta indaga los motivos a los que la acción puede ser debida y los fines que se intentan lograr. El problema que se plantea con la traducción de *gemeinter Sinn* se deriva del uso que hace Weber aquí del verbo *meinen*. Weber utiliza expresamente el verbo *meinen* (pensar, creer, opinar) en un sentido que no es el usual, como él mismo afirma al final de la Nota preliminar a los *Conceptos sociológicos fundamentales*. Si usualmente se entiende *meinen* como expresión de una acción que implica consciencia (yo pienso, yo opino, yo creo tal y tal), Weber, sin embargo, lo quiere aplicar también a situaciones en las que el significado de la acción no sea tan consciente o tan totalmente consciente para el sujeto, reconociendo, en definitiva, que hay acciones provistas de significado por parte del sujeto, aunque éste no se lo atribuya de una manera totalmente consciente. En la traducción he utilizado en numerosas ocasiones «significado subjetivo»; en otras he puesto «significado pensado», que se corresponde más literalmente con el *gemeinter Sinn* y que hay que entender con las precisiones anteriores sobre el sentido que le da Weber. La traducción inglesa antes mencionada traduce *gemeinter Sinn* por *subjective meaning*, mientras que la francesa mencionada antes lo traduce por *sens visé par l'agent ou les agents*.

Sinn, gemeinter Sinn. *Véase* Significado.

Sinnadäquanz. *Véase* Coherencia lógica.

Tipo ideal. Construcción mental para analizar un fenómeno histórico o social en la que se eligen y acentúan determinados aspectos del fenómeno. La finalidad de la construcción de los tipos ideales es la de servir de término de comparación en el análisis de fenómenos históricos y sociales concretos, en cuanto que se pueda mostrar la proximidad o lejanía de éstos respecto al tipo ideal (puro). La «ética calvinista», el «espíritu capitalista» o el «Estado moderno» son tipos ideales.

Verband. *Véase* Organización.

Verstehen. *Véase* Comprensión.

Wertrational. En la tipología de la acción califica a una acción en la que el agente tiene una creencia expresa de que su acción determinada tiene un valor en sí misma, no tomando en consideración para esa valoración ninguna consecuencia que la acción pudiera generar. A diferencia de la acción *zweckrational,* que se caracteriza por estar dirigida a la consecución de un fin, la acción *wertrational* no es puesta en relación con ningún resultado, sino que es considerada como valiosa en sí misma. La acción *wertrational* es pensada como un deber que el sujeto cree que tiene que realizar porque, como tal acción, es valiosa en sí misma. Cuando este concepto se traduce por «racional por arreglo a valores» (véase en «Economía y Sociedad». México, FCE, 1944, 1964), creo que se pierde por completo el sentido que tiene en Weber, pues se viene a sugerir que hay valores en relación con los cuales la acción se convierte en un medio o en una realización de esos valores previos. Como el núcleo de la acción *wertrational* está en que no es puesta en una relación instrumental de medios-fines, la traducción de «racional con arreglo a valores» más bien distorsiona y confunde. En todo caso resulta difícil encontrar un término o conjunto pequeño de términos que recojan lo que realmente significa (esa eliminación de la relación medio-fin). Cuando yo mismo he traducido en otra ocasión *wertrational* por «racional de acuerdo a un valor», he podido comprobar que el lector o el oyente es llevado a un significado que se aleja del núcleo específico de esta acción. La traducción francesa como *rationnelle en valeur* o la inglesa *value-rational* no parecen recoger tampoco el núcleo específico de la «acción considerada en sí misma como un valor, sin tomar en cuenta para ello el resultado que pudiera producir».

Zweckrational. Este adjetivo aplicado en la tipología weberiana de la acción quiere decir que la acción es considerada por quien la hace como un medio o instrumento para alcanzar un fin. Semejante acción tiene una racionalidad instrumental o de medios-fines. La traducción como acción «instrumental» ha sido la habitual, junto a la de «racional con arreglo a fines». En la edición francesa mencionada se ha traducido como *de façon rationnelle en finalité*. En la edición norteamericana mencionada se ha traducido como *instrumentally rational*.

Obras citadas por Max Weber

ESCHERICH, K[arl], [*Die Termiten oder weissen Ameisen. Eine biologische Studie.* Leipzig], 1909.
GOTTL, Friedrich, *Die Herrschaft des Wortes.* [*Untersuchungen zur Kritik des nationalökonomischen Denkens.* Jena, 1901.]
JASPERS, Karl, *Allgemeine Psychopathologie.* [Berlín, 1913.]
JHERING, Rudolf von, *Zweck im Recht.* (Band II.) [Vol. 1(1877), vol. 2 (1883), 3.ª ed. 1893/1899.]
LE BON, [Gustave], [*Psychologie des foules.* París, 1898, 3.ª ed. (Bibliotheque de philosophie contemporaine)]. Weber no cita ninguna obra concreta.
OERTMANN, [Paul], *Rechtsordnung und Verkehrssitte,* 1914.
RICKERT, Heinrich, *Die Grenzen der naturwissenschaftlichen Begriffsbildung.* [Freiburg/Leipzig, 1902, Tubinga, 1913, 2.ª ed.]
RÜMELIN, Max, [«Die Verzweiflungen des bürgerlichen Rechtes auf das Sittengesetz»], en: *Schwäbische Heimatgabe für Th[eodor] Häring.* [zum 70. Geburtstag, hg. Hans Voelter. Heilbronn a.N.] 1918, [pp. 133-147].
SCHÄFFLE, Albert, *Bau und Leben des sozialen Körpers,* [1.ª ed., 1875-78].

SIMMEL, Georg, *Philos[ophie] des Geldes*. [1907, 2.ª ed.]
—, *Probleme der Geschichtsphilosophie* [(1892), Leipzig 1907, 3.ª ed.].
—, *Soziologie [Untersuchungen über die Formen der Vergesellschaftung.* Leipzig, 1908].
STAMMLER, Rudolf, *Wirtschaft und Recht nach der materialistischen Geschichtsauffassung. [Eine sozialphilosophische Untersuchung.* 2.ª ed. corregida. Leipzig 1906.]
TARDE, G. *[Les lois de l'imitation,* París, 1890]. Weber no cita ninguna obra concreta.
TÖNNIES, Ferdinand, *Die Sitte*. [Frankfurt am Main], 1909.
—, *Gemeinschaft und Gesellschaft. [Grundbegriffe der reinen Soziologie* (1887) 1912.]
WEBER, Max, «Die "Objektivität" sozialwissenschaftlicher und sozialpolitischer Erkentnis», en: *Archiv für Sozialwissenschaft und Sozialpolitik,* vol. 19 (1904), Heft 1, pp. 22-87.
—, «R. Stammlers "Überwindung" der materialistischen Geschichtsauffassung», en: *Archiv für Sozialwissenschaft und Sozialpolitik,* vol. 24 (1907), Heft 1, pp. 94-151.
—, «Über einige Kategorien der vertehenden Soziologie», en: *Logos. Internationale Zeitschrift für Philosophie der Kultur.* Ed. Por R. Corner y G. Mehlis, vol. IV (1913), Heft 3, pp. 253-294.
WEIGELIN, [Ernst], *Recht und Moral,* 1919.
WEISMANN, [August], *Die Allmacht der Naturzüchtung: [eine Erwiderung an Herbert Spencer. Jena 1893].*

Biografías

BENEDEK, Ludwig August Ritter von (1804-1881). General austriaco. Jefe del ejército austriaco en el escenario bohemio en la guerra entre Prusia y Austria, en 1866. Ante una situación claramente desfavorable para los austriacos, cerca de Königgrätz, ofreció la paz a los prusianos, dirigidos por Moltke (3 de julio de 1866). El 26 de julio de 1866 se firmaría la paz preliminar en Nikolsburg. Con esto Bismarck destruía la Confederación Germánica, quedando Austria fuera de ella.

BRENTANO, Lujo (Ludwig Joseph) (1844-1931). Economista, catedrático en la Universidad de Breslau en 1873, y posteriormente en las de Estrasburgo, Viena, Leipzig y, finalmente, Múnich (1891-1914). Representante liberal de la escuela histórica de economía. En 1872 había sido uno de los fundadores de la *Verein für Sozialpolitik* (Asociación de Política Social). Max Weber le sucedió en la cátedra de Múnich en 1919.

DILTHEY, Wilhelm (1833-1911). Filósofo idealista, profesor en varias universidades (Basilea, Kiel, Breslau), y desde 1882 catedrático en la de Berlín. Su obra sobre el conocimiento de las ciencias culturales, diferente y contrapuesto al de las ciencias naturales: *Einführung in die Geisteswissenschaften* (1883).

DOLLART. Región en el norte de Holanda, situada bajo el nivel del mar e inundada en repetidas ocasiones. Weber se refiere en *Conceptos sociológicos fundamentales* a la inundación ocurrida en 1277, cuando Otzum y Addenhausen fueron arrasados por el agua.

ESCHERICH, Karl (1871-1951). Entomólogo, catedrático en la Universidad de Múnich desde 1914. Fundador en 1913 de la Sociedad de entomología aplicada. La obra de él que cita Weber en *Conceptos sociológicos fundamentales* es *Die Termiten oder weissen Ameisen. Eine biologische Studie*. Leipzig, 1909. Publicó también Die Forstinsekten Mitteleuropas, 5 vols., 1914-1941.

GIERKE, Otto von (1841-1921). Catedrático de Historia del derecho en la Universidad de Breslau (1872), Heidelberg (1884) y Berlín (1887). Exponente y defensor de la tradición jurídica alemana –frente a la romanista–, escribió *Deutsches Privatrecht* (3 vols., 1895, 1905, 1917) (Derecho privado alemán) y *Das deitsche Genossenschaftsrecht*. Este último libro, cuyo primer volumen se publicó en 1868, se publicó de nuevo en 1913 con el título *Die Staats-und Korporationslehre der Neuzeit* (La teoría del estado y de la corporación en la Edad Media).

GOTTL, Friedrich (1868-1958). Después de que su padre obtuviera el título de nobleza en 1907, Friedrich Gottl pasó a llamarse Friedrich von Gottl-Ottlilienfeld. Nació en Viena. Estudió en Viena y Berlín y en Heidelberg se doctoró en Economía política con Karl Knies. Después del doctorado se tendría que haber habilitado con Weber, que sucedió en la cátedra a Knies. Pero como Weber dejó la docencia por problemas de salud, se habilitó con Rathgenn. Se habilitó en

1901. En 1902 obtuvo una plaza la Universidad Técnica de Brünn (Brno), pero siguió manteniendo relaciones con el círculo de amigos de los Weber. Max Weber le escribió un informe positivo para una cátedra en la Universidad Técnica de Múnich. Weber contó con Gottl como uno de los colaboradores en el libro colectivo dirigido por él, el *Grundriss der Sozialökonomik* (Elementos de economía social). En 1919 obtiene una plaza en la Universidad de Hamburgo, y en 1924 en la de Kiel. Finalmente, en 1926 se trasladaría a la Universidad de Berlín. La tesis doctoral de Gottl sobre el concepto de valor *(Wertgedanke)* se publicó en 1897. En ella pone en tela de juicio la teoría del valor aceptada entre los economistas de habla alemana. Su escrito de habilitación *Über Grundbegriffe der Nationalökonomie* (Sobre los conceptos fundamentales de la Economía política) se integraría en su libro *Herrschaft des Wortes. Untersuchungen zur Kritik des nationalökonomischen Denkens* (Poder de la palabra. Investigaciones para un análisis crítico del pensamiento económico). A este último libro de Gottl es al que se refiere Weber en su nota preliminar a *Conceptos sociológicos fundamentales*. A pesar de la fuerte crítica que Weber le hace en ocasiones a Gottl, lo valora muy positivamente. Weber confiesa, por ejemplo, que ha leído cuatro veces el libro de Gottl (MWG II/5, p. 70).

GRESHAM, Thomas (sir) (1519-1579). Consejero de hacienda de la reina Isabel I de Inglaterra y fundador de la Bolsa de Londres. La ley que lleva su nombre dice que el dinero de peor calidad desplaza de la circulación al de mejor calidad (véase Glosario).

JASPERS, Karl (1883-1969). Estudió Derecho, por deseo de su padre, que era director de banco, en las universidades de Freiburg im Breisgau y Múnich. A causa de una enfermedad cardiopulmonar, cambió de carrera y comenzó los estudios de Medicina en la Universidad de Berlín, acabando estos estudios en Heidelberg. Entre 1908 y 1915 hizo las prácticas y fue colaborador en la Clínica Psiquiátrica de Heidelberg. En 1909 presentó su tesis doctoral sobre «Nostalgia y crimen» *(Heimweh und Verbrechen)*. En esos años comenzó la amistad con Max Weber. En 1913 publica su Escrito de Habilitación *Allgemeine Psychopathologie* (Psicología general). En 1919 publica su segunda gran obra, *Psychologie der Weltanschauungen (Psicología de las concepciones del mundo)*. De estos años data también su amistad con Martin Heidegger. En 1922 obtiene la cátedra de Filosofía en Heidelberg. En 1932 publica los tres volúmenes de su obra *Philosophie*, en la que explica los principios de su filosofía de la existencia. Bajo la dictadura nacionalsocialista es apartado de la universidad y se le prohíbe publicar. Después de la Segunda Guerra Mundial se involucra en la reconstrucción de la Universidad de Heidelberg. Funda, junto con otros, la revista *Die Wandlung*. En 1948 se marcha a la Universidad de Basilea. Convencido de que el filósofo tiene que tomar posición política, publicará hasta su muerte escritos políticos sobre ciencia y política en la República Federal de Alemania. En 1958 recibe el Premio de la paz de los libreros alemanes. Muere en 1969, en Basilea. Max Weber se refiere a Karl Jaspers en la Nota previa del autor a los *Conceptos sociológicos fundamentales,* concretamente al concepto de «comprensión» que Jaspers había tratado en su obra *Psicopatología general*. Jaspers dedica, en efecto, la segunda parte de este libro a la «psicología comprensiva» y expone las distintas clases de la «comprensión» de los fenómenos anímicos (véase *Allgemeine Psychopathologie,* 1913, esp. pp. 251-260).

JHERING, Rudolf von (1818-1892). Jurista, profesor en Basilea, Rostock, Kiel, Giessen, Viena y Göttingen. Iniciador de la jurisprudencia de intereses. Autor de *Zweck im Recht,* 2 vols. (1877-1883).

KNIES, Karl (1821-1898), economista. Catedrático en la Universidad de Heidelberg, a quien sucedió Max Weber en 1896. Entre sus obras está *Die politische Oekonomie vom Standpunkt der geschichtlichen Methode* (La economía política desde el punto de vista del método histórico), 1853.

LASSALLE, Ferdinand (1825-1864). Nació en Breslau, capital de la Silesia, en 1825 y murió en Ginebra en 1864. Era hijo de Heyman Lassal (1791-1862), comerciante de la seda y concejal en Breslau, y de Rosalie Heitzfeld (1797-1870), hija de un comerciante de Glogau. En 1846 cambió la forma del apellido paterno por la de Lassalle. Realizó sus estudios de filosofía e historia en la Universidad de Breslau (1843-1844) y en esa época proyectaba un movimiento de reforma del judaísmo tendente a superar su particularismo en una filosofía universal. Pero no se dedicó especialmente a la cuestión de la emancipación de los judíos. Su actividad, como estudiante, se destacó más bien por su participación en las asociaciones *(Burschenschaften)* estudiantiles a favor de la democracia. Durante el curso 1844-1845 estudió en Berlín. En el semestre de verano de 1845 volvió a Breslau, donde elaboró un estudio sobre Heráclito, que se publicaría más tarde. Involucrado en la lucha a favor de la democracia, fundó el primer partido socialista alemán (ADAV). Entre sus discursos y conferencias hay que destacar la pronunciada en la primavera de 1862, en Berlín, sobre el conflicto constitucional que se había planteado en Prusia *(Über Verfassungswesen)*, donde establece una diferencia entre la constitución escrita y la constitución real. Éste es el tema precisamente al que se refiere Weber en *Conceptos sociológicos fundamentales*. Lassalle hace una contraposición entre constitución escrita –hoja de papel– y constitución real y efectiva, destacando de esta manera que detrás de las instituciones existen intereses económicos y políticos que las encubren. Lassalle decía que «los problemas constitucionales no son, primariamente, problemas de derecho sino de poder». En este sentido, la «constitución real» es sinónimo de factores reales de poder, es decir, factores productivos, instituciones, clases sociales...

LE BON, Gustave (1841-1931). Médico francés, que se ocupó de temas etnológicos y de «psicología de los pueblos». Su obra más famosa fue *Psychologie des foules* (1895, 43.ª ed., 1953).

MARATÓN, Salamina, Platea, *véase* Meyer.

MARX, Karl (1818-1883). Nacido en Tréveris, estudió en Bonn y Berlín, donde se doctoró en 1841. Colaborador en el periódico *Rheinische Zeitung,* publicado en la ciudad de Colonia, se exilió en París en 1844 y posteriormente en Bruselas y en Londres (1849). Escribió numerosas obras sobre la sociedad capitalista, manteniendo extrecho contacto con organizaciones revolucionarias. Entre sus obras se pueden destacar: *Manifest der kommunistischen Partei* (1848), *Zur Kritik der politischen Oekonomie* (1859) (Crítica de la economía política) y *Das Kapital. Kritik der politischen Oekonomie,* 3 vols. (1867,1885, 1895).

MEYER, Eduard (1855-1930). Catedrático de Historia en Leipzig, Breslau, 1855, Halle, 1889, Berlín, 1902-1923. Autor de *Geschichte des Altertums* (Historia de la Antigüedad), 5 vols., Stuttgart 1884-1902. Su tesis sobre la influencia de las victorias griegas sobre los persas a comienzos del siglo V a. C. es la siguiente: una victoria de los persas habría representado ante todo un refuerzo de la autoridad jerárquica, esto es, un dominio más o menos extenso de los sacerdotes. Si hubieran impuesto en Grecia una religión nacional y el poder de los sacerdotes para mantener al pueblo en sumisión, habrían puesto un yugo a todo el pensamiento griego y habrían detenido el ansia de libertad. La cultura griega habría recibido la misma impronta teológica que la oriental. La victoria de los griegos sobre los orientales significó el triunfo de la polis –democrática– sobre el sistema absolutista oriental. La victoria griega de Maratón tuvo lugar en el año 490 a. C. (sobre la que se forjó la leyenda del corredor de Maratón, que había anunciado la victoria en Atenas con la frase *nenikékamen* [hemos vencido], para caer muerto acto seguido). La victoria en el golfo de Salamina tuvo lugar en el 480 a. C. Y la victoria de Platea, bajo la dirección del espartano Pausanias, tuvo lugar en el año 479 a. C.

MOLTKE, Helmuth Graf von (1800-1891). General prusiano mariscal de campo, vencedor en la guerra entre Prusia y Austria en 1866.

NIETZSCHE, Friedrich (1844-1900). Catedrático de Filología clásica en la Universidad de Basilea (1870-1878), puesto que abandonó por una grave depresión nerviosa. Entre sus numerosas obras se pueden destacar: *Also sprach Zarathustra* (1883-1891) (Así habló Zaratrusta), *Zur Genealogie der Moral* (1887) (La genealogía de la moral), *Der Wille zur Macht. Versuch einer Umwertung aller Werte* (La voluntad de poder. Ensayo de una transmutación de todos los valores) quedó en estado fragmentario y publicado después de su muerte.

PARSONS, Talcott (1902-1979). Nació en 1902 en Colorado Springs, Colorado (EE.UU.). Su padre era sacerdote protestante, profesor y presidente de un pequeño college. Parsons estudió en el Amhurst *College* en Massachusetts. En 1924 acabó el *Bachelor of Arts* y se fue a estudiar a Europa, entre el otoño de 1924 y el de 1926. Primeramente estuvo en la London School of Economics y luego en la Universidad de Heidelberg. En esta universidad conoció la obra de Weber. Bajo la dirección de Edgar Salin escribió una tesis doctoral sobre *Der Geist des Kapitalismus bei Sombart und Max Weber* (El espíritu del capitalismo en Sombart y Weber). En 1927 volvió a Heidelberg para hacer el examen oral del doctorado *(Rigorosum),* siendo examinado por los profesores Salin (Economía teórica), Alfred Weber (Sociología), Jaspers (Filosofía) y Andreas (Historia contemporánea). En abril de 1929 recibió el grado de doctor en la Facultad de Filosofía de la Universidad de Heidelberg, después de que presentara dos artículos suyos publicados en *Journal for Political Economy* en 1928 y 1929 (vol. 36, pp. 641-661, vol. 37, pp. 31-51), con el título «Capitalism in Recent German Literature: Sombart and Weber», que le sirvieron para sustituir los dos primeros capítulos de su tesis doctoral que se habían extraviado antes de llegar a la Facultad en Heidelberg. A su vuelta de Europa, en 1927, había obtenido un puesto de instructor de Sociología en la Harvard University en Cambridge, Mass. En 1939 publicó *The Structure of Social Action* y fue nombrado profesor. En 1944 sustituyó a Pitirim Sorokin como Jefe de Departamento de Sociología. Sorokin había sido el primer catedrático de Sociología. Talcott Parsons se jubiló en 1970. Le sucedió George C. Homans (1910-1989), que se oponía al funcionalismo analítico que Parsons había cultivado. En mayo de 1979 volvió a Heidelberg para un acto de renovación del doctorado, cincuenta años después de haberlo obtenido. Pocos días después de la celebración moría en Múnich el 8 de mayo de 1979. Desde su primera obra *The Structure of Social Action* hasta su última colección de artículos *(Action Theory and the Human Condition* [1978]), el empeño de Parsons fue la elaboración de un marco teórico para la sociología.

PREUSS, Hugo (1860-1925). Desde 1906 era profesor en la Handelshochschule de Berlín. Crítico del positivismo jurídico (Gerber) y defensor del fortalecimiento del autogobierno municipal. Después de la Primera Guerra Mundial, *secretario de Estado del Interior,* encargado de preparar el anteproyecto de nueva Constitución para Alemania.

RICKERT, Heinrich (1863-1936). Catedrático de Filosofía en la Universidad de Freiburg im Breisgau desde 1896, y de la de Heidelberg desde 1916. Había comenzado estudiando Literatura en la Universidad de Berlín y luego se pasó a la Filosofía. En el filósofo Windelband encontró su ancla de salvación para superar la desorientación intelectual que le había generado el estudio de Marx y Nietzsche. Hizo la tesis doctoral con Windelband en Estrasburgo (1888), sobre la definición *(Zur Lehre von der Definition,* 2.ª ed., 1915). Con este trabajo entra en el neokantismo. En 1891 se habilitó para profesor en la Universidad de Freiburg, en donde fue profesor extraordinario en 1894 y catedrático, como sucesor de A. Riehl, en 1896. En 1916 se trasladó a la Universidad de Heidelberg, como sucesor de Windelband. Entre sus libros destacan, además del mencionado sobre la definición, *Kulturwissenschaft und Naturwissenschaft* (Ciencia cultural y ciencia natural), publicado en 1899 (segunda edición, en 1910). La edición española de este libro se hizo en Madrid, en 1922, sobre la 4.ª y 5.ª ediciones alemanas de 1920, con prólogo de Ortega y Gasset. El libro de Rickert al que se refiere Weber en estos *Conceptos sociológicos fundamentales* es *Die Grenzen der naturwissenschaftlichen Begriffsbildung.* Freiburg/Leipzig 1902, Tubinga, 1913, 2.ª ed. (pp. 514-523).

RÜMELIN, Max (1861-1931). Nacido en Stuttgart y muerto en Tubinga, fue profesor de Derecho Romano en las universidades de Halle y de Tubinga. En esta última fue rector en 1906-1907 y canciller en 1908. Weber se refiere en *Conceptos sociológicos fundamentales* a un artículo de Rümelin «Die Verzweiflungen des bürgerlichen Rechts auf das Sittengesetz», publicado en un volumen homenaje de Theodor Häring *(Schwäbische Heimatgabe für Theodor Häring. Zum 70. Geburtstag,* editado por Hans Voelter, Heilbronn a.N., 1918, pp. 133-147).

SCHÄFFLE, Albert Eberhard Friedrich (1831-1903). Entre 1860 y 1868, catedrático de Ciencias Políticas y Economía (Politik, Polizeiwissenschaft, Enzykopädie er Staatswissenschaften und Nationalökonomie) en la Universidad de Tubinga. Sucedió en la cátedra a Robert von Mohl. En 1869, catedrático en la Universidad de Viena. En 1871-1872, ministro de Comercio y Agricultura en Austria. Después *Privatgelehrter* en Stuttgart. Fue uno de los primeros que discutió sobre el socialismo, crítico del liberalismo, influyente sobre la legislación social de Bismarck. Max Weber se refiere, en *Conceptos sociológicos fundamentales,* a la obra de Schäffle *Bau und Leben des sozialen Körpers. Encyclopädischer Entwurf einer realen Anatomie, Physiologie und Psychologie der menschlichen Gesellschaft mit besonderer Rücksicht auf die Volkswirtschaft als socialem Stoffwechsel,* 1875-1878, 4 volúmenes.

SCHMOLLER, Gustav (1838-1917). Economista, profesor en las universidades de Halle, Estrasburgo y Berlín (aquí desde

1882). Miembro del Staatsrat prusiano en 1884 y de la *Herrenhaus* prusiana (cámara de diputados) en 1899. En la teoría económica estaba frente a los manchesterianos y a los marginalistas. Fundó la revista *Jahrbuch für Gesetzgebung, Verwaltung und Volkswirtschaft,* que ahora se llama *Schmollers Jahrbuch.* Miembro cofundador de la Verein für Sozialpolitik, de la que fue presidente durante mucho tiempo. Entre sus obras se puede destacar: *Über einige Grundfragen der Sozialpolitik und Volkswirtschaftslehre* (Algunas cuestiones fundamentales de política social y de teoría económica), 1898, 2.ª ed., 1904.

SIMMEL, Georg (1858-1918). Nació en Berlín, en una familia de origen judío. Sus padres, sin embargo, se habían convertido al cristianismo, el padre al catolicismo y la madre al protestantismo. Georg fue bautizado protestante, pero abandonó la iglesia. Creció en Berlín, en el barrio de Westend. La vida en la gran ciudad le influyó mucho en su desarrollo personal. La vida de la gran ciudad como estructura de la vida moderna fue objeto de análisis en su artículo «Die Grossstadt und das Geistesleben». Estudió en la Universidad de Berlín: historia, psicología de los pueblos, filosofía e historia del arte. En 1881 acabó el doctorado. Pero su tesis *Psychologisch-etnographische Studien über die Anfänge der Musik* (Estudios psico-etnográficos sobre los comienzos de la música) no fue aprobada la primera vez. Los profesores que emitieron los informes preceptivos fueron el filósofo Zeller y el físico Helmholtz. Ante el fracaso, le recomendaron a Simmel que presentara como tesis un trabajo de investigación que había sido premiado por la Facultad de Filosofía: *Das Wesen der Materie nach Kants Physischer Monadologie* (La esencia de la materia según la monadología física de Kant). El Escrito de Habilitación, en 1883, también fue rechazado. Trataba de la teoría del tiempo y del espacio de Kant. Pero gracias a la intervención de Dilthey y de Zeller, fue aceptado. Simmel fracasó, sin embargo, en el escalón siguiente, en la lección pública que tenía que pronunciar en la universidad. En una segunda oportunidad, su nueva lección pública *Über die Lehre von den Assoziationen der Vorstellung* (Sobre la teoría de las asociaciones de la idea) fue aprobada. Era octubre de 1884. A comienzos de 1885 pronunciaría su lección de ingreso. Ya habilitado, no obtuvo una plaza como profesor numerario. Fue *Privatdozent* en la Universidad de Berlín, y en 1901 «profesor extraordinario». El intento de obtener una cátedra en la Universidad de Heidelberg fracasó en 1908. Dietrich Schäfer, historiador de la Universidad de Berlín, estuvo contra él por sus antecedentes judíos. En 1914 logra finalmente una cátedra en la Universidad de Estrasburgo. Murió en 1918, a la edad de 60 años. Entre sus obras destacan: *Probleme der Geschichtsphilosophie* (1892), Leipzig, 1907, 3.ª ed.; *Philosophie des Geldes* (Filosofía del dinero), 1900; *Soziologie. Untersuchung über die Formen der Vergesellschaftung* (Sociología. Investigaciones sobre las formas de sociedad), 1908. Max Weber se refiere en *Conceptos sociológicos fundamentales* a tres obras de Georg Simmel: *Probleme der Geschichtsphilosophie, Philosophie des Geldes y Soziologie.*

SOMBART, Werner (1863-1941). Economista, profesor en la Universidad de Breslau (1890-1906) y en la Escuela de Comercio de Berlín (1906) y catedrático en la Universidad de Berlín (1917-1931). Coeditor de la revista *Archiv für Sozialwissenschaft und Sozialpolitik*. Amistad con Max Weber desde final de la década de 1880.

SPANN, Othmar (1878-1950). Estudió en las universidades de Viena, Zúrich, Berna y Tubinga. Doctor en 1903. Entre 1903 y 1907 colaborador científico en la Centrale für private Fürsorge, en Frankfurt am Main. En 1907, habilitación en Teoría económica en la Universidad Técnica Alemana de Brünn (Brno), donde sería catedrático de 1911 a 1919. Desde este último año, catedrático de Teoría económica y social en la Universidad de Viena. Compromiso político a favor de un Estado corporativo cristiano. Desde 1935 sus tesis políticas son criticadas en las publicaciones nazis. Tras la anexión de Austria en 1938, pierde su puesto en la universidad y es llevado al campo de concentración de Dachau. Después de cuatro meses y medio es liberado y vuelve a Austria, pero no puede volver a dar clases en la universidad. Spann es considerado como de la escuela «universalista», lo que significaba que no era individualista ni partidario del *laissez-faire*. En su libro *Haupttheorien der Volkswirtschaftslehre* (Teorías principales de la doctrina económica), de 1911, hacía una interpretación metaeconómica o filosófica de la realidad y de la teoría económica. Max Weber no menciona ninguna obra en concreto, cuando alude a él en *Conceptos sociológicos fundamentales*. Otras obras de Othmar Spann eran: *Unterscuchungen über den Gesellschaftsbegriff zur Einleitung in die Gesellschaftslehre* (Dresden 1907); *Kurzgefasstes System der Gesellschaftslehre* (Berlín, 1914).

STAMMLER, Rudolf (1856-1938). Estudió Derecho en las universidades de Giessen y Leipzig. Doctorado en 1877. Escrito de Habilitación en Leipzig en 1879. Catedrático en Giessen en 1884. Al año siguiente cambió a la Universidad de Halle, donde desempeñó la cátedra de Filosofía del derecho, Derecho Civil e Historia del derecho. En 1916 fue trasladado a la Universidad de Berlín, donde se jubiló en 1921. Editor de la revista *Zeitschrift für Rechtsphilosophie* desde 1913. Después de la Primera Guerra Mundial, rechazó la revolución de noviembre de 1918. No mantuvo la misma distancia respecto a la «revolución nacionalsocialista» de 1933, aunque no se comprometió con el nuevo régimen. Entre sus obras se puede citar *Lehre vom richtigen Recht* (1902, 2.ª ed., 1926). Stammler fue criticado por Weber en varias ocasiones, en su artículo de 1907 publicado en el *Archiv für Sozialwissenschaft und Sozialpolitik* y en los propios *Conceptos sociológicos fundamentales*. Stammler, por su parte, consideraba –como testimonian sus cartas privadas– que Weber era un «rudimentario empirista del tipo más mediano».

TARDE, Jean Gabriel (1843-1904), jurista y sociólogo francés. Desde 1899, profesor en el Collège de France. Como sociólogo se ocupó de la influencia de las innovaciones sociales, de la moda, de la imitación y de la tradición en el desarrollo de la sociedad. Sus obras más conocidas fueron: *Les lois de l'imitation* (1890, 5.ª ed., 1907), *Les lois sociales* (1898, 8.ª ed., 1921).

TÖNNIES, Ferdinand (1855-1936). Estudió Historia, Filología, Teología y Filosofía en varias universidades alemanas (Jena, Leipzig, Bonn, Kiel, Tubinga). En 1877 presentó su tesis doctoral, en Filología clásica, sobre *De Jove Ammome questionum specimen*. En 1881 presentó su Escrito de Habilitación en la Universidad de Kiel. En el año 1909 fue uno de los cofundadores de la Sociedad Alemana de Sociología. Y desde de ese mismo año asimismo miembro de la Universidad de Kiel, primero como profesor «extraordinario» y honorífico y entre 1913 y 1916 como catedrático de Ciencias Políticas y Económicas. En 1916 dejó la docencia a petición propia. En 1920 volvería a dar clase (de Sociología) en la misma universidad de Kiel y en 1933 fue cesado por los nacionalsocialistas, sin percibir su jubilación. En 1930 se había afiliado al partido socialista SPD. Tönnies murió en Kiel en 1936. Su obra más importante es *Gemeinschaft und Gesellschaft. Abhandlung des Communismus und des Socialismus als empirischer Culturformen* (Comunidad y Sociedad), Leipzig, 1887. Posteriormente cambió parcialmente el título de la obra, que pasó a denominarse: *Gemeinschaft und Gesellschaft. Grundbegriffe der reinen Soziologie* (Comunidad y sociedad. Conceptos fundamentales de la sociología pura). Tönnies entiende la sociedad como un proceso de decadencia de la comunidad. Él confía en que en el futuro se pueda mantener la fuerza de la comunidad, también en una época en que domina la forma «sociedad». Los medios en los que piensa Tönnies para dar base a esa esperanza son el fomento de las cooperativas y de las corporaciones municipales por parte del Estado liberal y mediante la revitalización de la idea de solidaridad y de la organización del movimiento obrero y de sus instituciones: sindicatos, asociaciones de consumidores, cooperativas de producción. La diferenciación conceptual entre comunidad y sociedad se la apropiaron en Alemania los críticos de la modernidad. Especialmente durante la Primera Guerra Mundial y en los años siguientes, su obra fue utilizada por quienes se quejaban de la decadencia de la cultura para atacar la civilización tecnológica y liberal, reclamando la vuelta de la «comunidad» alemana. Pero Tönnies rechazó expresamente estas conclusiones reaccionarias que algunos derivaban de su libro. Continuamente puso a sus lectores y oyentes en guardia frente a la ilusión de que una «religión o una ética muerta puede ser recuperada mediante instrucciones o imposiciones». No creía en revoluciones sociales, sino que estaba muy interesado en las cooperativas de productores y consumidores, en los sindicatos. Eran estas asociaciones las que él conceptualizaba como los ejemplos más prometedores de «comunidad» en la vida social moderna. Max Weber se refiere a la obra de Ferdinand Tönnies *Gemeinschaft und Gesellschaft* en la nota preliminar a *Conceptos sociológicos fundamentales*, y a la obra *Die Sitte* (La costumbre) en su capítulo 6. Esta última obra de Tönnies había sido publicada en 1909 (Frankfurt am Main, editorial Rütten und Leoning).

WEISMANN, August (1834-1914). Zoólogo, discípulo de R. Leuckart. Estudió Medicina en la Universidad de Göttingen y ejerció como médico en Frankfurt durante dos años. Entre 1860-1861 estudió con Rudolf Leuckart en Giessen y en los años 1861-1863 ejerció como médico personal del archiduque Esteban en el castillo Schaumburg. En 1865 profesor y desde 1873 catedrático de Zoología y director del Zoologisches Institut en la Universidad de Freiburg. Trabajó sobre el desarrollo del protoplasma *(Keimplasma)* en los erizos de mar, observando distintas formas de división celular. Opuesto al lamarckismo, decía que las cualidades adquiridas no se heredaban. Su teoría del protoplasma dice que los organismos multicelulares están constituidos por *Keimzellen,* que contienen la información genética, y por *somatische Zellen,* que realizan las funciones corporales. Las *Keimzellen* no son influidos por lo que el cuerpo aprenda ni por otras capacidades que adquiera en su vida, y no pueden transmitir esta información a la generación siguiente. Esto condujo al redescubrimiento de la obra de Gregor Mendel y a la crítica del darwinismo.

La obra de Weismann que cita Weber en los *Conceptos sociológicos fundamentales* es: *Die Allmacht der Naturzüchntung: eine Erwiderung an Herbert Spencer.* Jena, 1893.

Índice onomástico

Abellán, Joaquín, 37
Andreas, Willy, 205
Aristóteles, 21

Benedek, Ludwig A., 106, 199
Bendix. Reinhard, 62, 191
Bismarck, Otto von, 199, 207
Brentano, Lujo, 12, 199

Coleman, James S., 65-67

Dilthey, Wilhelm, 12, 188, 199-200, 208

Escherich, Karl, 98, 200
Esteban de Austria, archiduque, 212

Freund, Julien, 191, 193

Gierke, Otto von, 170, 200
Gottl, Friedrich, 17, 76, 200-201
Gresham, Thomas, 52, 54, 88-89, 102, 187-189

Habermas, Jürgen, 62, 67
Häring, Theodor, 207
Heitzfeld, Rosalie, 203
Helmholtz, Hermann von, 208
Henderson, H. M., 61
Hennis, Wilhelm, 17, 62
Heráclito, 203
Homans, George C., 206

Isabel I de Inglaterra, 188

Jaspers, Karl, 76, 201-202
Jhering, Rudolf von, 123, 132, 202

Kant, Inmmanuel, 11-12, 14, 27, 206, 208
Knies, Karl, 12, 200, 202

Lassal, Heyman, 203
Lassalle, Ferdinand, 169, 203
Le Bon, Gustave, 109, 203
Leuckart, Rudoilf, 212
Lipps, Theodor, 188
Lutero, Martin, 13

Marcuse, Herbert, 62
Marx, Karl, 15-16, 204, 206
Mead, George Herbert, 64
Mendel, Gregor, 213
Meyer, Eduard, 89, 204
Mohl, Robert von, 207
Moltke, Helmut von, 106, 199, 204
Mommsen, Wolfgang, 62
Morris, Charles W., 64

Nietzsche, Friedrich, 15-16, 205-206

Oertman, Paul, 123
Oresmes, Nicolás, 189
Ortega y Gasset, José, 207

Índice onomástico

Parsons, Talcott, 61-64, 191, 205-206
Preuss, Hugo, 206

Rheinstein, Max, 191
Rickert, Heinrich, 14-15, 76, 101, 206-207
Riehl, A., 206
Roscher, Wilhelm, 12
Rossi, Pietro, 62
Roth, Guenther, 191, 193
Rümelin, Max, 135, 207

Salin, Edgar, 205
Sazbón, José, 62
Schäfer, Dietrich, 208
Schäffle, Albert, 96, 207
Schmoller, Gustav, 12, 207-208
Schutz, Alfred, 65
Shils, Edward, 191
Simmel, Georg, 27, 61, 76, 87, 208-209
Sombart, Werner, 60, 209
Sorokin, Pitirim, 206

Spann, Othmar, 100, 209-210
Stammler, Rudolf, 76, 124, 129-130, 132, 210

Tarde, Jean Gabriel, 110, 210-211
Tenbruck, Friedrich H., 17, 61
Tönnies, Ferdinand, 32, 60, 76, 132, 147, 211-212

Vischer, Robert, 187
Voelter, Hans, 207

Weber, Alfred, 205
Weber, Max, 11-12, 15-43, 45-68, 185-195, 199-203, 205, 207, 209-210, 212-213
Weigelin, Ernst, 124, 132
Weismann, August, 98, 212-213
Winckelmann, Johannes, 9, 61
Windelband, Wilhelm, 14, 206
Wittich, Claus, 191, 193

Zeller, Eduard, 208